寛容と正義

絶対的正義の限界

仲正昌樹

【編集部解題】

●本著『寛容と正義』は、二〇〇四年、実践社から刊行された『正義と不自由』の新装改訂版である。

●旧版刊行当時、主要なテーマの一つになっていたのは、イラク戦争に典型的に露呈した、敵／味方二元論への異議申し立てであったが、著者の問題提起から約十年をへて、今尚、混沌を極める中東情勢の複雑さは、正義をかざす、敵／味方二元論の限界を強く印象づけた十年でもあった。

●本著新装改訂版に当たり、タイトルの変更が、かかる世界史的袋小路からの脱出を試みる些細なヒントになることを期待したい。

●旧版には、本著で再掲した諸論稿の他に、討論が付されているが、著者の発言は、ほぼ本文で語られており、重複の回避と、体裁上の理由から討論部分は割愛し、序章として、新たに一編を冒頭に掲載した。

寛容と正義——絶対的正義の限界

目次

寛容と正義——絶対的正義の限界　目次

序章 歴史と正義

一　「反省的均衡」の意義

政治哲学者マイケル・サンデル（一九五三—　）のNHKで放送された公開授業「ハーバード白熱教室」と、これと内容的に連動する彼の教科書『これからの「正義」の話をしよう』が注目され、ブームになってから五年経った。今でも、サンデルの著作を大型書店の哲学コーナーでよく見かけるが、今の大学の一、二年生のほとんどは、彼の名を冠したブームがあったことなぞ知らない――少なくとも、金沢大学ではそうである。「白熱教室」という名称のシリーズは、NHKが続けているが、単なる世界の名物教授による公開授業になっている。

ハーバード白熱教室が注目された理由は、大人数の講義に学生の討論という要素を組み込んでうまくコーディネートしたことだが、そういうタイプの講義は日本になかったわけではない。また、「白熱教室」で発言していた学生たちは、事前に十分に予習していたからこそ、生産的な討論をすることができたわけである。参加型であることを持ちあげるのは見当外れである。私から見て、サンデルの授業の手法に画期的なところがあるとすれば、ロールズ（一九二一—二〇〇二）によって提起された「反省的均衡 reflective equilibrium」という方法を応用したことであろう。それは、参加型講義という形態と密接に関係しているが、イコールではない。

では、「反省的均衡」とは何か？　簡単に言うと、自らの「直観」に基づく素朴な正義観と、それを定式化した正義の原理、その原理を現実に適用した時に予想される帰結の三者の間を行ったり来たりすることで、妥当で安定した結論へと辿り着くことを目指すわけである。例えば、私が、みんなが平等に暮らせる社会が理想だと漠然としたイメージを抱いているとしよう。漠然と思っているだけでは、理想の社会がどのような制度を備えているのか、自分が現在生きている社会が平等という点で正しい社会なのか、判定することはできない。そこで、平等を中心とする正義の原理を明確な形で定式化する必要がある。国民の間の所得あるいは財産の格差をゼロに保つとか、ジニ係数を一定の値以下に保つことを最優先の政策にするとか、完全な機会均等を保障する制度を作るといったことが考えられるだろう。

マイケル・サンデル

次にその原理を実行しようとする場合、他の制度や法律との関係がどうなるか、人々の生活がどのようになるか、何か想定していなかったことが起こりはしないかシミュレーションしてみる。平等の原理で言えば、財産の所有や使用に制限を設ける必要があるのか、営業の自由や職業選択の自由はどうするのか、税制はどうすればいいのか、自由に生きることを平等よりも重視する人をどう扱ったらいいのか、努力して自分の能力を高め多くの成果を挙げてもそうしなくても、結果は平等になるのであれば、努力したくないという人はどうするのか、また、それによって経済発展のイニシアティヴが減少し、社会全体が貧しくなる形で平等化してもいいのか……といった問題について考える必要があろう。最初に定式化した平等の原理によってクリアに解決できたり、制度の微調整でどうにかなることばかりであればいいが、中には、どうしても解決できない矛盾や葛藤を引き起こすもの、一応の答えは出せても、かなり後味が悪くなりそうなものもあるかもしれない。そうだとすると、正義の原理を定式化し直して、もう一度、シミュレーションする必要があるだろう。それを何度も繰り返してもうまく行かない場合には、自分の正義感自体を問い直し、それが本当に正義だと自分は確信しているのか根本的に反省することも必要になるかもしれない。

そうした反省を繰り返し、〝正しい答え〟、つまり、直観とその帰結の間にズレがない（と見なすことのできる）答えに近付いていくのが、「反省的均衡」である。これは、私たちが日常的にあまり自覚しないで、やっていることである。個人の内でも、こうした反省を繰り返して、答えに至ることはあるが、内省だけだと、自分の直感を否定するような問題を自ら指摘しにくい、あるいはそのつもりでも無自覚的にブレーキがかかってしまい、曖昧になりがちである。会議を例に考えると、「反省」と「均衡」の関係がもう少しはっきりするだろう。

トップダウンではなく、会議で物事を決める場合、「反省的均衡」のプロセスが進行するのは、ごく自然なことである。民主的なルールが確立している団体であれば、いきなり多数決を取るのではなく、討論によって意見の調整が図られるだろう。誰かが自らの直感を明確に言語化した提案を出し、それに対して、他の参加者が、その案を採用した場合、どういうことが生じ、それにどういう不都合があるか――ある程度自分の価値観や偏見を交えて――指摘する。その提案と指摘の双方に対して、他の参加者たちが第三者的な見地から意見を述べる。それによって、提案は必要な修正を施され、参加者たちの見解はある程度収斂する。それを繰り返している内に、収斂度は高まっていく。無論、基本的な価値観の違いは、完全には埋められないかもしれないが、相互の価値観が異なっているという事実、及び、その団体を維持・運営していこうとすれば、妥協もやむを得ないという事態を各人が認識すれば、可能な限り収斂したところで結論が出されるだろう。

ロールズは主著『正義論』（一九七一）において、社会を構成する最も基本的な「正義の原理」を選ぶための思考実験装置として、「無知のヴェール veil of ignorance」のかかった「原初状態 original position」を呈示したことが知られている。この「原初状態」での仮想の決定のプロセスを描写するために、「反省的均衡」を使用した。「原初状態」というのは、それぞれの幸福追求のために協力しようとする人たちの代表が、基本的制度をゼロから構築すべく、話し合おうとしている状態である。「無知のヴェール」というのは、各人の年齢、性別、宗教、価値観、能力、経歴などに関する基本的情報を遮断してしまう装置である。そうした装置があるとすれば、自分や自分と同じような状態の人にとってだけ有利な原理を、〝正義の原理〟だと強弁することができなくなる。そうやって、強制的に公正に考えることを強いられた人達が、「反省的均衡」のプロセスで選ぶ原理であれば、文字通り、正義に適ったものになるの

ジョン・ロールズ

ではないか、というわけである。

ロールズのシミュレーションでは、「無知のヴェール」の下での「反省的均衡」の帰結として、「格差原理 difference principle」を含む、正義の諸原理のセットが採択される。「格差原理」とは、その社会で最も不遇な人にとっての期待便益を最大化するという条件の下でのみ、社会・経済的不平等が正当化される、というものである。この原理を現実的に解釈すれば、経済成長によって社会全体が豊かになり、その恩恵が最も立場の弱い人にとって利益になるような政策を追求するということである。ロールズの見方では、人間には自分の身に起こる最悪の事態をできるかぎり緩和しようとするリスク回避傾向があるので、「無知のヴェール」がかかっている場合、最も弱い人の立場にいる自分を想像して、「格差原理」及びそれと整合性のある諸原理を選択する方向で、代表者たちの見解が収斂していく。「無知のヴェール」は、現実の利害関係ゆえの偏見を取り除いて、各人の内に不明確ながら潜在的に存在する「正義感覚 sense of justice」を顕在的に働かせるための装置だと言えよう。

ロールズは、「無知のヴェール」の下にある人々が、選択肢として考えるであろう正義の諸構想を呈示し、それらの優劣を相互に比較したうえで、最終的には、自分が推す「正義の二原理」が勝ち残るであろうと主張する。「正義の二原理」とは、各人に平等な自由を保障する第一原理と、格差原理と公正な機会均等を格差の条件とする第二原理を核とし、効率性などをそれに従属させる構想である。これによって、自由を優先しながらも、弱者の利益を制度に反映させることのできる福祉国家的体制が正当化される。ロールズ自身の言葉に即して正確に言うと、この構想によって実現されるのは、福祉によって事後的に再配分するというより、幸福追求のための基本財を、正義の二原理に即して各人に予め配分する「財産所有の民主主義 property-owning democracy」である。

こうしたロールズの議論に対して、「正義の二原理」のライバルに仕立てられ、敗れることにされた功利主義の原理を支持する、経済学者や哲学者等から、「無知のヴェール」の下での反省的均衡はロールズの考えるような方向に進まないのではないか、むしろ平均効用最大化原理が採択されるのではないか、といった反論が提起された。それによって、七〇年代から八〇年代にかけての英米圏で、倫理学、経済学、政治哲学、法哲学など、多分野にまたがる正義論争が続いた。

サンデルもそのデビュー作になった『リベラリズムと正義の限界』（一九八二）で、ロールズの「無知のヴェール」の下では、判断する際の基準になる各人の価値観やアイデンティティまで剥奪されてしまうので、均衡へ向かって収斂していくことは不可能であると指摘し、それ以来、ロールズ的なリベラルに対する批判の急先鋒であり続けたが、「反省的均衡」という方法は重視し、自らの授業にも応用している。問題ごとに、参加者に自らの直感的な判断を、功利主義、ロールズ型リベラリズム、リバタリアニズム（自由至上主義）、カント主義、コミュニタリアニズムといった既存の政治理論などに準じる形で定式化させ、討論してそれぞれの議論の穴を埋めたり、修正したりさせることによって、意見を収斂させることを試みるわけである――サンデルの授業から、唯一の正しい答えが得られるかのように言ったり、その答えが全ての当事者を納得させるものではないといって批判するのは、いずれも見当外れである。

二　価値多元主義と反省的均衡

ロールズは当初、「反省的均衡」を、主として、経済的平等に関する選択の場面に適用することを想定していた。経済的平等をめぐる論争で彼の主要な論敵であったのは、功利主義者や、再配分を否定するリバタリアンであった。しかし、八〇年代半ばから、サンデルなどのコミュニタリアンとの間の［個人の善 vs.共通善］をめぐる論争や、ネオ・プラグマティズムを標榜するリチャード・ローティによって提起された、アメリカの自由民主主義は、普遍的人間性に根ざしたものか、アメリカ固有の文化によって培われたものなのかという問題が、ロールズのテーマになった。時代背景的なことを言えば、八〇年代のアメリカでは、レーガン政権の誕生を後押ししたキリスト教原理主義が台頭して、妊娠中絶や同性愛、宗教教育などに関して保守的な主張を展開する一方で、アングロサクソンの男性中心のアメリカのメインストリームの文化に反発し、同化による平等化を拒否するマイノリティの運動が激化した。ロールズを始めとする政治哲学者たちは、根本的に異なる価値やアイデンティティを有する人達の間でどうやって「反省的均衡」を成立させればいいのか、という問いと直面せざるを得なくなった。

『正義論』の二十二年後に刊行された『政治的リベラリズム』（一九九三）では、「無知のヴェールに覆われた原初状態」の役割は事実上かなり縮小され、ロールズ的な自由主義観を（最初から）共有している人達の間で正義の構想をまとめあげるものとして自己限定することになる。その代わり、異なった「包括的教説 comprehensive doctrines」を信奉する集団の間での漸進的な合意形成に焦点が当てられている。「包括的教説」というのは、宗教のように世界観や生き方までも包摂するような思想体系ということである。ロールズは「重なり合う合意 overlapping consensus」という概念を導入する。「重なり合う合意」というのは、異なった包括的教説を有する集団が、それぞれ自らの教説によって説明することのできる規範に関して合意するということである。例えば、良心の自由に関して、カトリック、プロテスタント、イスラム教徒、カント主義者、功利主義者などが、それぞれ異なった論拠から正当化することが可能であるとする。そうであれば、良心の自由を、その社会の共通の基本原理にすることに合意することは可能であろう。ロールズによると、異なった包括的教説の集団が長年にわたって共存してきたような社会では、共存のための相互の暗黙のルールができあがっているはずであり、それぞれの集団は、そのルールを自分たちの思想体系の中に無理なく取り込むための思考回路を形成し、洗練しているはずである。「重なり合う合意」はそれを活用できる。

ただ、暗黙の合意があったとしても、それを顕在化して立憲体制に組み込むには、一定の手続きが必要である。そこでロールズは、「公共的理由 public reason」に基づく討議を提案する。「公共的理性」とは、その社会に属する人であれば、どの包括的教説の集団に属していても、真剣に受けとめざるを得ない理由である。「良心の自由」という考え方が広く共有されているとすれば、「良心の自由を守るための○○が必要である」、というような理由を掲げての議論は、その提案者とは異なる包括的教説を信奉する人でも無視できない。「公共的理由」を軸とすることによって、かみ合わない〝議論〟を続けることなく、お互いの認識を収斂することが可能になる。

　このように、その社会の慣習的現実に根ざした「公共的理性」と「重なり合う合意」を起点として、より普遍的な合意を目指していく戦略は、それまでロールズとは、異質の思想基盤の上に立っていると見られてきた、フランクフルト学派のハーバマス（一九二九― ）が展開する「コミュニケーション的理性」を軸とする討議倫理・民主主義論とかなり近い。実際、『政治的リベラリズム』の刊行を機に、両者はかなり接近している。『政治的リベラリズム』と、その前年にハーバマスが出した『事実性と妥当性』での民主主義論が、現在、「熟議的民主主義 deliberative democracy」論と呼ばれているものの理論的原型になった。「熟議」とは、単に審議に時間をかけることではなく、公共的に妥当性のある「理由」に基づいて審議をすることである。様々な利害を有する集団間での利害調整に重点を置いてきた従来の常識的な民主主義理解とは、その点が異なっている。

　更に、ロールズの第三の著作『万民の法』（一九九九）では、自由民主主義的な立憲体制を備えていない国々を含む形で、諸人民（国）の間の正義――国家の違いと関係なく、全ての人間に普遍的に適用されるグローバルな正義とは異なる――をどのように実現すべきかをめぐる議論が展開された。ロールズは先ず、リベラルな諸国の民衆の間で二つの「原初状態」での「反省的均衡」を経ることで、「リベラルな民主的社会」のための「万民の法 Law of Peoples」を成立させることが可能であると主張する。二つの「原初状態」というのは、『正義論』で想定されていた一国内での制度を構築するための「原初状態」と、そうした諸国の代表たちが、「万民の法」を制定すべく集まった時に設定される「原初状態」である。この第二の原初状態で、代表たちは自分たちがどのような規模、歴史、経済状態の国を代表しているか知ることができない。そこで彼らは、各国の民衆の自由と独立、条約や協定の順守、相互不干渉、自衛権以外の武力行使の禁止など、八つの原理に合意する。

次いで、この「万民の法」を、リベラルでない諸民衆に拡張することが試みられる。といっても、秩序立った社会を創るための伝統や資源を欠いている「重荷に苦しむ社会」や「無法国家」を、「万民の法」の枠に入れることはできない。ロールズは、「良識ある民衆 decent people」から成る国家であれば、「万民の法」の諸原理を共有することが可能であるとする。「良識ある民衆」とは、リベラルではないが、西欧諸国の人権に相当するものを承認し、「良識ある諮問階層制 decent consultation hierarchy」を備えていて、「万民の法」を受け容れる準備が出来ている民衆である。「良識ある諮問階層制」とは、民主制は採用されていないものの、民衆に重要な決定に対して異議申し立てする権利があり、政府や司法官にはそれに答える責務が課されているような意志決定システムである。ロールズは、その仮想の例として、イスラム系らしい「カザニスタン」という仮想の国家を描き出し、リベラルな正義の国家と同じような形態を備えた国家であれば、リベラルな正義の原理を共有できるのではないかと示唆する。この妙にリアルな想定は、冷戦終了にも関わらず、湾岸戦争やボスニア紛争によって、西欧中心の世界秩序が、文化的他者たちから挑戦を受

ハーバマス

け、揺らぎ始めた九〇年代の国際政治情勢を反映していると思われる。

「万民の法」の構想は、その射程を西側にとって御しやすそうな国家に限定したことや、正義の二原理、特に格差原理をグローバルに適用することを回避しているといった点で、現実路線であり、その点がそれまでロールズを支持していた政治哲学者や法哲学者の反発を招いたが、それは、異なった文明・宗教の間の対立が深刻化し、西欧的な自由民主主義を大前提とする正義を構想することが困難になった現実に対処するための苦肉の策だったのかもしれない。ロールズの構想をそのまま受け容れなくても、多文化主義的な諸問題、例えば、良心の自由や信教の自由を受け容れないようなマイノリティ集団や民族、宗派に、リベラルな社会がどう対処し、どうやって「重なり合う合意」を形成すべきかという問題意識は、多くのリベラルの論客に共有されるようになっている。「討議的民主主義」の意義を否定するリベラルはいないだろう。

コミュニタリアンの陣営では、カナダ出身のチャールズ・テイラー（一九三一―　）が、ヘーゲル（一七七〇―一八三一）を援用しながら、相互のアイデンティティの承認を重視する多文化主義の理論を展開している。サンデルも、人種的なマイノリティの地位向上のためのアファーマティヴ・アクション（積極的是正措置）や同性婚など、根本的な価値の対立が前面に出る問題を、「共通善」や「徳」の観点から再考すべきだという問題提起を続けている。彼の授業での「反省的均衡」の実践は、価値観が対立する陣営の対話のためのモデル作りに向けた試みと見ることもできよう。無論、かなり地味な試みであり、有効なモデルが見出されるとは限らないが、西欧社会で培われてきた寛容の伝統が、イスラム国の問題などで揺さぶりをかけられ、日本を含む各国で露骨な――ロールズの言う意味で「良識」的とは言えない――ナショナリズムが台頭している現在、西欧の民主主義の原点に立ち返る、地味な基礎的作業が求められているのではないかという気がする。

三　〝啓蒙主義〟の罠

現在の日本では、反中・反韓を掲げ、日本を無条件に美しい国と見なす右派の独りよがり、話の通じなさが目立っているが、話が通じないという点では、左派も大差はない。ネット上で政治的なテーマに関する何らかの〝論争〟らしきものが起こると、右も左も、相手の主張をその根底にある価値観にまで遡って吟味し、理解しようとするのではなく、ただただ、より大きな声を出して相手方を圧倒しようとする。受け容れたくない相手の言い分は聞き流して、自分の意見の〝正しさ〟を再確認させてくれる〝味方〟の言い分にだけ耳を傾ける。期待した通りの〝味方の意見〟を見つけると、満足し、それによって自分の〝正しさ〟への確信を強めると共に、味方からより強く〝承認〟してもらうために、更に過激な意見を持つようになる。そうやって、双方が次第にエスカレートしていく。アメリカの憲法学者サンスティン（一九五四―　）が、「サイバー・カスケード」と呼ぶ現象である。「カスケード」とは滝である。滝を伝って落ちていく水のように、どんどん深みにはまっていく。

「サイバー・カスケード」は、言論の自由がある自由主義的な国家で、ネット文化がある程度浸透すれば、多かれ少なかれ生じる現象であろう。しかし、日本では、受け入れがたいことを言う他者の言論に我慢して耳を傾けることが、自由民主主義の基本であるという考え方が、知識人の間でさえあまり根付いていない。嫌な相手の意見だからこそ、その内容をちゃんと検証しようとすべき、という当たり前のことが常識になり切っていない。

西欧の自由主義の元祖であるロック（一六三二―一七〇四）は、『寛容に関する書簡』（一六八九―九二）で、国家などの世俗権力が、宗派間の真理争いの裁定者になってはならないこと、信仰は暴力によって押し付けられるものではなく、それを試みるべきでもないことなど、宗教的な「寛容」の大原則を提唱した。この考え方は、信教の自由や政教分離をめぐる、今日の憲法学的な議論の原型になっている。功利主義を自由主義と融合するように修正したことで知られるミル（一八〇六―七三）は、ロールズ以前の政治哲学の最も重要な古典であった『自由論』（一八五九）で、思想と言論の自由を形式的に認めるだけでなく、常に複数の意見が競合して論争し合う状態、主流派とは異なる生き方をする人達が存在する状態を保っておくことが、民主的多数派による暴走を抑止し、社会の画一化を防ぎ、多様な発展を促すうえで不可欠であることを主張した。価値の多元性をめぐるロールズ、テイラー、サンデル等の議論や実践は、そうした思想の伝統の延長線上にある。

日本では、こうした問題について掘り下げて考えるのは、ロックやミルを専門的に研究する思想史家の専売特許のようになっている。文化的寛容や民主主義の暴走抑止といった問題が認識されていないわけではないが、倫理の教科書に載っているような当たり前すぎてつまらない話と見なされ、強く関心を持つ人はあまりいない。分配的正義の基礎付けをめぐるロールズ等の議論さえ、強く関心を持たれないのだから、当然のことかもしれない。

寛容や価値多元性をめぐる議論が軽視される背景の一つとして、戦後日本の論壇・思想界をリードしてきた知識人たちが、マルクス主義あるいは、それに類する「進歩主義＋啓蒙主義」的な見解を信奉してきたということがあるのではないか、と思う。「進歩主義＋啓蒙主義」というのは、歴史は、より合理的な社会、理性的な人間を生み出す方向へと確実に進んでおり、自分たち（真の）知識人には、その歴史の歩みを妨害したり、逆行させようとする勢力を告発し、民衆を正しい方向に導く使命がある、という考え方である。当然、自分たちが、歴史の法則に根ざした絶対的真理を所有していることが大前提になっている。そういう前提に立っている限り、反動勢力のたわごとに耳を傾ける必要はない。というより、それは時間の無駄である。下手に相手をしていると、自分たちの純粋な論理が汚染されてしまう恐れもある。

歴史学や社会学、経済学など、「実証性」が重んじられる学問分野では、学問の作法に則って研究することが、真実を明らかにし、反動勢力の妄想の根を断つことになる、とある意味素朴に信じられてきた。そうなると、自分たちが明らかにしようとしている、〝社会の真実〟とは明らかに違うもの、正反対のものを想定し、それを証明しようとする者たち、自分たちとは異なる〝実証性〟の基準を提起する者たちは、学問的に未熟であるだけでなく、道徳的にも誤っており、野蛮であるということになる。八〇年代のニューアカデミズム・ブームの時に、栗本慎一郎（一九四一―　）や中沢新一（一九五〇―　）などによる、実証性へのラディカルな挑戦が注目されたり、保守派とポストモダン派の部分的なコラボが見られたことの根底には、啓蒙主義的左派の「実証性」に対するいびつな拘りへの反発があったのかもしれない。

無論、進歩派が自己の立場の絶対性に物神崇拝的な信頼性を寄せることに対する、自己批判的な議論がなかったわけではない。最も代表的な進歩的知識人である丸山眞男（一九一四―九六）は、『日本の思想』（一九六一）などで、西欧の自由主義的な政治思想の伝統と対比しながら、日本の左派知識人の足元の問題を執拗に指摘したが、丸山のそうした問題提起も、教科書的なつまらない話扱いされてきたきらいがある。丸山を参照する、現代の左派知識人たちの関心も、彼の思想史研究の方法論と、安保闘争など現実政治へのコミットメントのいずれかに集中し、〝当たり前の話〟は素通りされているように私には思える。

〝当たり前の話〟をちゃんと踏まえておかないと、いつまでたっても、生産的な認識に結びつかない不毛な対立が続くだけであろう。私がこういうことを言ってもほとんど無力であろうが、一応、強調しておきたい。

第1章 「敵／味方」図式の〝正義〟

1 ブッシュのアメリカ「無限の正義」への欲望

最初に断っておくと、筆者は四〇年以上前からの古い二項対立的な発想を引き摺って、国際的な紛争が起こるたびに、「アメリカ帝国主義の陰謀」を〝暴き〟立てたがる「左翼な人」は嫌いであるし、「何百万人も殺害してきたアメリカが九・一一で数千人殺されたくらいで騒ぎ立てるのは、片腹痛い……」などと平気な顔で言ってのけられる想像力の欠如した輩は、人非人であると思っている。従って、純粋に先祖返りしたような「反帝・反米」のスローガンがあちこちで跋扈していることには非常な違和感を感じているのだが、そうした非左翼的な「私」も、最近のアメリカの対イラク政策をめぐる一連の動き[*1]には、単なる「資本主義の論理」では片付けられない「不気味なもの」を感じている。

九・一一以降、「敵／味方」図式に変化

アメリカ国内の世論調査では、ブッシュ政権のやり方を支持している人と反対の人の割合は拮抗しているようだが、中間選挙（二〇〇二年）での共和党の「歴史的勝利」——実際にはこれまでの常

ブッシュ前アメリカ合衆国大統領

識に反して共和党が過半数を〝わずかに〟上回ったにすぎない――の結果、「正義」の名による「イラク攻撃」が「アメリカ国民」の承認を得た形になってしまった。しかもこの武力制裁は、「正義 justice」の名の下に遂行されようとしている。「九・一一」一周年の演説で、ブッシュ大統領は、「正義が実現し、米国が安全になるまでテロリストを容赦しない」と述べ、来るべきイラク攻撃が、アフガン戦争に続く「無限の正義 infinite justice」――ブッシュは当初、アル・カイーダとタリバン政権に対する〝報復戦争〟をこのように命名していた――の一環であることを示唆している。

アメリカという国が「アウト・ロー（法外なもの）」に立ち向かう西部劇のカウ・ボーイを演じているかのように、かなり粗雑な「正義」感を振り回す体質を持っていることも、一九九〇〜九一年にかけての「湾岸危機／戦争」*2以来、この国がイラク――冷戦崩壊後の――「新世界秩序」を乱す「アウト・ロー」と見なしていることも、周知の通りである。しかしながら、少し前までのアメリカは少なくとも形式的には、「アメリカの正義」を露骨に押しつけるのではなく、「国連」を中心とした国際的枠組みの中で合意形成された「国際社会」の「決定」を実行しているという建て前を取ろうとしてきた。アメリカ大統領が国民向けに、価値観として語っている「正義」を、国家間のルールとして直接的に適用するというスタイルは慎重に回避し、いくつかのクッションを置いていた。

しかし「九・一一」を機にブッシュ政権は、「無限の正義」

の実現のために打倒すべき「悪の枢軸」を具体的に名指しし、そうした自らの定義する「敵／味方」図式に基づいて国際政治を誘導しようとするようになった。キリスト教文明圏の独善的体質を象徴するがゆえにタブー視されてきた「十字軍」の（再）結成さえ口にしている。『第一次文明戦争』（仲正訳、御茶の水書房）の著者であり、ハンチントンの「文明の衝突」論に潜む西欧中心主義の罠を指摘し続けているマフディ・エルマンジュラは、アメリカの「無限の正義」に対して、「真実で無限の正義は神だけのものであるから、この概念が間違っているのはすぐに分かる」と指摘している。

「九・一一」以降の「アメリカ」はまさに「神＝無限なるもの」を「代理」する位置に自らを置き、「神」の正義に敵対する者たちを討伐する「聖戦」を行おうとしているわけである。実体的に見れば、アフガン戦争も、今回の「イラク攻撃」も、「九・一一」を引き起こした「見えない敵」に対するアメリカ国民の怒りを一点に集中させ、傷つけられた「アメリカの威信」を回復するために企図されたことは、第三者的な視点から見れば明らかであり、これを「無限なる（神の）正義」の視点から正当化することには無理がある。しかし、そうした無理な「正義」への要求が、国際政治の原理として妥当性を獲得しつつあるところに、今の情況の「不気味さ」があるのである。

イラクが「査察」受け入れ問題をめぐって、アメリカを始めとする西側諸国との間に何度も摩擦を引き起こしてきたのは事実であるが、この時期になって、期限を切って軍事制裁を断行しなければならない必然性はない。湾岸戦争時のように、イラクが他国を侵略したわけでも、外国人を人質に取ったりしているわけでもない。強いて言えば、炭疽菌騒動[*3]への関与「疑惑」と、アル・カイーダ幹部を匿っている「疑惑」があるくらいだが、それらに対するはっきりした証拠はアメリカ側からも示されていない。「無限の正義」の執行官は同時に、イラクが「全て」の黒幕であると――証拠調べもなく――事実認定する能力のある、神の法廷の裁判官の役割も担いつつあるのである。

『インディペンデンス・デイ』の世界

国際政治学者の藤原帰一は、『デモクラシーの帝国』（二〇〇二年）の中で、こうしたアメリカが語る「正義」の奇妙さを、映画が現実政治に持ち込まれてしまった現象として説明している。突然襲来した宇宙人によって、首都ワシントン――を始めとする世界各地の主要都市――が瞬間的に破壊されるという、まるで「九・一一」を予見していたかのような舞台設定を持つ『インディペンデンス・デイ』では、アングロ・サクソン系のアメリカ大統領の指揮の下で、「われわれ」の文明に侵入してきた「やつら＝敵」に対する防衛戦争が繰り広げられる。最終的には、アメリカ政府・統合参謀本部の立てた作戦に従って、ユダヤ系（アメリカ人）の技師とアフリカ系（アメリカ人）のパイロットが協力して、「敵」の空母の内部に侵入し、コンピューター・ネットワークを撹乱したのに伴って、「連合軍」が総攻撃をかけ、アメリカの「独立記念日（インディペンデンス・デイ）」に人類が勝利を収めることになる。これによって「アメリカのインディペンデンス・デイ」が「世界のインディペンデンス・デイ」に転化する。

『スター・トレック』では、バルカン星人のスポックが副長として乗り込んでいるものの、宇宙船の乗組員のほとんどはアングロ・サクソン系、アフリカ系、アジア系のアメリカ人であり、しかも船名は「USS エンタープライズ」であり、まるでアメリカ海軍所属の「空母」である。この船が属する「惑星連邦」の最高幹部たちも、明らかにアングロ・サクソン系アメリカ人たちである。言ってみれば、「アメリカ」が、「地球」だけではなく、「惑星連邦」を代表することが自明の理になっているわけである。

藤原は、こうした構図が、「アメリカ」一国の大統領にすぎないブッシュ大統領が「われわれの文明」の名において、「彼ら＝侵略者」に「正義の戦争」を仕掛ける現在の情況に反映されていると指摘する。藤原の分析によれば、「アメリカの正義」がそのまま「われわれの文明の正義」になってしまうアメリカ的世界観は、「世界」の様々な地域からやって来た多様な民族集団から構成される「アメリカ」が〝自ら〟を「世界の縮図」とも言うべき「開かれた社会」として認識していることに起因する。「民族や言語の違いによって設けられる国民国家の国境とは異なって、アメリカの国境は必然ではなく、従って、「アメリカのなかから見る限り、『アメリカ』という自由の空間を外部に広げることは、内政干渉どころか自由の拡大であり、無謀な権力行使ではなく、使命の実現だ、ということになる」。「アメリカ人」にとっては、自らの祖国である「アメリカ」と「世界」が意味論的に重なり合っており、そこに、「デモクラシーの帝国」という矛盾した理念が成立する余地が生まれるわけである。

こうした「デモクラシーの帝国」は、従来はあくまでも「アメリカ人」の「心」の中にヴァーチャルに潜在するものであって、国際的な舞台で「政治」の言説として公的に通用していたわけではなかったが、「九・一一」を機に、そうした「インディペンデンス・デイ」的な心象風景が「現実」の中に雪崩込んできたのである。「インディペンデンス・デイ」において、「世界の平和＝アメリカの平和」であったように、「無限の正義」の言説が発動した今の情況にあっては、現実の「アメリカ」の「平和」は、「世界」から「悪」が消滅するまで、真の意味では達成され得ない。無限に「自己」を膨張させ続ける「アメリカ」は、「われわれ＝文明／彼ら＝野蛮」の「境界線」を自らの判断（のみ）によって定義し、「われら」の文明世界を「彼らの悪」から守ろうとしているのである。ハリウッド映画の中のお話し（story）として気晴らしに見ていられたものが、リアルな「歴史 history」を動かしているのだから実に不気味である。

水平的正義と垂直的正義の二重構造

「九・一一」のトラウマから回復すべく、まるで病にかかったように、「正義」の実現を叫び続ける現在の「アメリカ」の在り方は、奇異な譬えに聞こえるかもしれないが、筆者に、シェークスピアの喜劇『ヴェニスの商人』のストーリー構成を連想させる。『ヴェニスの商人』は、マルクスの『資本論』をはじめ、近代的貨幣論の文脈でしばしば引用される文献である。「ユダヤ人の高利貸し」であるシャイロックの存在は、普遍的妥当性を帯びた近代的「貨幣」が、伝統的な「共同体」と「外部」とを媒介するものとして生じてきたことを寓意的に表象している、と見ることができる。ヴェニスの市民共同体にとっては、依然として半ば「余所者」であるシャイロックが、この都市国家に対して要求するのが、非キリスト教徒も含めて万人に対して普遍的に適用されるべき「裁き judgement」における「正義 justice」である。期日までに金を返済できなかったアントニーオの肉１

ボンドを「約束」通りよこせ、と言い張るシャイロックのことを、情け知らずで人非人の「ユダヤ人」と罵るアントニーオやパッサーニオ（その友人）、そして裁判長である公爵に対して、シャイロックは、「あなたたち＝キリスト教徒」も、他の人間を金で買って「奴隷」として酷使しているではないか、と「あなたたち」のキリスト教的「慈悲 mercy」の矛盾を指摘する。そのうえで、以下のように主張する。「もしあなたたちが私の要求を否定するなら、あなたたちの法など糞食らえだ。ヴェニスの掟は無力だということになってしまいますよ。だからこそ、お裁きを願いたいのです」。主体相互の合意によって結ばれた「契約」の効力を何人に対しても平等に保証する「法」の理念に従って、異邦人である自分にも「（普遍的）正義」を与えよ、ということである。そうした彼の普遍的「正義」への要求と、それに対して（西欧文明世界を象徴する）ヴェニスの「法廷」が下した「判決＝判断 judgement」は、アメリカの「無限の正義」に結実する、西洋文明の根底を流れてきた「正義」の矛盾を端的に表現していると言えよう。

現代アメリカで最も影響力のある法・政治哲学者ジョン・ロールズは、現代哲学に「正義」論を復活させたことで知られているが、彼は、アリストテレスの「配分的正義」概念にまで遡って、「正義」を「公正 fairness」として定義している。分かりやすく言えば、市場をモデルに構成された「社会」の様々なゲームにおける「フェア・プレイ」の枠組みを保証したうえで、結果として生じてきた「富」を公平に再・配分するための条件である。

古代ギリシア・ローマ世界における「正義」とは、まさに、ゲームに参加している全当事者たちにとって「公正」になるよう、天秤の両側のバランスを保つことであった。裁判のシンボルとして

「ヴェニスの商人」

よく使われる正義の女神（テミス）が、天秤を持っているのはそのためである。これは、まさに天秤のように「水平」的な正義、つまり権利主体としての人間同士の間で間主体的に成り立っている正義である。シャイロックが裁判所に求めているのは、この意味での「正義」であり、彼はそこに他の要因を混入させることを拒否しているわけである。

これに対してバッサーニオやアントニーオが「もう一つの正義」の基準として持ち出そうとしているのが、キリスト教的な「慈悲」である。「自らは慈悲を惜しんで、どうして神の慈悲を期待できる」という公爵の台詞は、普遍的に妥当するはずのキリスト教的な倫理への訴えかけである。周知のように、「目には目を、歯には歯を」という旧約聖書的な応報（匡正的正義）の原理を越えたところに自己を位置付けるキリスト教の「愛」の倫理は、垂直的に作用する。つまり、人間同士の間主観的な認識・実践の次元を超越して、絶対的な神から――実際には、教会や聖職者によって「媒介」された形で――与えられるものである。かなり思い切って要約すれば、西欧文明における「正義」観とは、ギリシア・ローマ的な水平的正義＝法的正義のうえに、キリスト教的な垂直的正義が覆いかぶさる形で形成されてきた、と言えよう。

「神」の絶対的「愛」に基づく「慈悲」を説く垂直的正義は、

そのまま実現可能であるとすれば、たしかに至上の倫理であろう。共産主義も、「神」という中心には触れないようにしながらも、基本的にそうした垂直的正義の実現を求めてきたと言える。しかしながら、そうした「神」の摂理、あるいは垂直的に超越した正義というのは、その定義からして、人間の理解を越えたものである以上、「誰」がそれを解釈するのかが常に問題になる。極端に言えば「私こそ、神の無限の正義を実現する使命を与えられた」と自称する者が、周りから支持を得れば、そのままままかり通ってしまうとんでもない危うさがある。悪名高い「十字軍」は、まさに、そうした「無限の正義＝神の意志」を「表象＝代理」しようとする人間的な「ヒュブリス（思い上がり）」から生まれてきたものであると言えよう。

だからこそ、近代市民社会は、少なくとも法や政治の領域からは、可能な限り超越的な「正義」を排して、水平的な権利関係だけを問題にしようとしてきた。「九・一一」は、そうした市民社会的禁欲を解体して、「無限の正義」への欲求を解き放つ契機になってしまったのである。

「神の法廷の裁判官」装うアメリカ

ニーチェは、キリスト教の道徳は、実際には、弱者による「ルサンチマン（恨み）」の道徳、奴隷道徳であると指摘した。身体を持った生身の人間（受苦的存在）には、自分の受けてきた「苦しみ」に対する「恨み」を完全に越えて、「神」の視点から「無限の正義」について判断することはできない。そのつもりになっても、どうしても「ルサンチマン」を持ち込んでしまう。これまで権力によって抑圧されてきた革命家などにもよく見られるメンタリティーだが、「私たちはこれだけ苦しんできたのだから、相手も……」という感情を、無意識的――つまり主体としての自己の表面的意志に出てこないレベルで――に「正義」に反映させてしまうわけである。

その意味では、自分の「恨み」に基づく要求であることを正直に認めているシャイロックの方が健全であり、また、それと同じ意味で、同じレベルで対峙している「敵」（＝社会主義）に対する対抗意識・被害者意識をむき出しにしていた冷戦時代のアメリカの方がまだ健全であった。自らが「無限の正義」を代行しているという形而上学的想定には、自らの拠って立つ足場の「党派性」――別に階級的党派性だけが唯一の「党派性」ではない――を不可視にしてしまう危うさがある。

周知のように、『ヴェニスの商人』では、バッサーニオの配偶者であるポーシャが男性の法学士を装って、公爵の代わりに「裁き」を下す。中性的な存在であるこの「裁判官」は、一見して「法」の中立的な代理人のような顔をしているが、物語の流れからして、「彼女」がアントニーオの味方をし、キリスト教的な〝正義〟の名の下にユダヤ人であるシャイロックを罰しようとしているのは明らかである。彼女は最初は「契約法」の原則を守るふりをしているが、証文の中に「肉一ポンド」と「書いて」あったのを逆手にとって、「血を流してもよいとは書いていない」と指摘し、逆に、キリスト教徒であるアントニーオの血を流そうとしているシャイロックの方を犯罪者として追い詰めてしまう。「自

正義の女神・テミス

分で文書を見るがいい、性急に正義をせがんだのはおまえの方だ。だから、おまえが望んだ以上の正義を与えてやるのだ」。

これは一般的には、強欲な金の亡者が、自らの展開した貨幣的合理性の論理によって自縄自縛になり「慈悲」が勝利するハッピー・エンドとして理解されるがポーシャが実行しようとしている「正義」がどのような〝正義〟であるのか考えれば、そこには非常に怪しい、割り切れないものがある。「血を流してよいとは書いていない」という〝主張〟は、「公正としての正義」とは関係ない、極めて恣意的な解釈に基づいている。「契約」を履行するに際して「契約書」では想定されていないような要素が浮上してくるのは当然のことであって「血」の話しだけ持ち出すことに論理的必然性はない。しかも、ポーシャは、シャイロックがあくまでも「（公正としての）正義」が欲しいと言い切る前には「慈悲」に基づく「和解」を勧告している。それが、どうして、ポーシャが「正しい解釈」を示した「後」では、認められないのか？

中立であるはずの裁判官が誘導訊問によって、引っ込みのつかないところへと誘い込んでいるのは明白である。言ってみれば、キリスト教徒にとっての「超越論的で垂直的な正義」の原則を適用することを予め決めておきながら、表面的には、「水平的な公正としての正義」の原則で判断しているかのように「演じて」いるのである。

このように「万人に対して開かれた公正としての正義」に基づい（ていることを装っ）た「正しい解釈」という定式は、まさに、湾岸戦争以降のアメリカの地域紛争介入の論理、特にイラクに対する政策に顕著に見受けられる。「アメリカ」は、「国連安保理」などの国際的機関の「決議」を国際法的根拠にして、地域紛争に介入することが多いが、今回の対イラク決議のように、どの段階でどういう制裁を、どういう手順を経て決定するか条文に曖昧さが残る場合、「無限の正義」に照らしてもっとも手っ取り早く、自分の都合の良いように「解釈」してしまう。他の「解釈」は、時間延ばしの戦術であるとして受けつけない。パレスティナ問題などに関連して、アメリカは、イスラエルの「安保理決議」違反に対しては武力介入しようとしていない、ダブル・スタンダード（二重基準）ではないか、という批判がこれまで幾度となく繰り返されてきたが、アメリカは、そうした「別の解釈」を聞く耳を持たない。言わば、神に任命された「裁判官」として、「解釈」の権限を独占しているのである。

筆者は別に、完全に開き直って「目には目を、歯には歯を」の「世界」にまで逆戻りしろ、と言いたいのではない。何らかの形で、超越論的な「正義」を想定していなければ、他者同士が「対話」することさえ不可能になるだろう。肝心なのは、自らがそれに至る解釈権を独占しているという幻想を脱構築しながら、「他者に対して開かれよう」と努力し続けることである。

（二〇〇二年一一月）

＊1　ジョージ・ウォーカー・ブッシュ大統領は、二〇〇一年に就任すると、一〇年前の湾岸戦争終結時、イラクとの停戦合意事項であった、大量破壊兵器の廃棄や、核開発防止のための国際原子力委員会の査察に関する約束が一向に履行されていないことなどで、イラクに対していらだちを募らせていたが、そんな中、同年九月一一日、米国への同時多発テロ事件が発生すると、その背後にイラクの関与が疑われるとして、ますます不信感を抱くようになった。そして、アメリカ政府内からも、フセイン打倒すべしとの声があがるようになる。ブッシュ大統領自身、二〇〇二年初頭の一般教書演説においてイラク、イラン、北朝鮮は大量破壊兵器を保有するテロ支援国家「悪の枢軸」と敵意をあらわにし、とりわけイラクに対しては湾岸戦争終結以来懸念し続けてきた、軍縮の進展の不履行と大量破壊兵器の拡散の危険、査察への非協力を問題視し、非難を強めるとともに、武力行使をちらつかせながらの恫喝を強めていった。

＊2　一九九〇年八月、イラク軍が隣国クウェートへ「侵攻」し、合併を発表すると、国連安全保障理事会はイラクへの即時撤退を求めるとともに、同年一一月には、対イラク武力行使容認決議を可決。とりわけ強硬だった米国は自国主導の「多国籍軍」を結成し、一九九一年一月、攻撃を開始した（「砂漠の嵐」作戦 operation desert storm）。しかし、イラクのフセイン大統領は三月に早々と敗戦を認め、四月には正式に停戦が合意されることになったが、この停戦は多くのイラク軍が温存されたままでの中途半端なものだったため、その後に多くの禍根を残すことになった。

＊3　アメリカで、それぞれ二〇〇一年九月一八日と、一〇月九日の消印の押された、炭疽菌の入った容器入りの封筒が大手メディアや、上院議員に送りつけられ、五名の死者を含む多くの負傷者を出した事件。その後、嫌疑濃厚と疑われた人物が自殺する等、未だ解明されていないことが多い。

2 脱国境化する「帝国」とイラク戦争

第二のローマ「帝国」としてのアメリカ

イラク情勢の緊迫化に伴って、アメリカ＝「第二のローマ帝国」説がジャーナリズムで取り沙汰されるようになった。その主な論拠は、第二次大戦以降、特に冷戦以降のアメリカの世界戦略が、軍事力の優位を背景に直接的に相手をねじ伏せ、服従させるのではなく、「民主主義」や「自由」などの、人間が実現すべき普遍的な〝理念〟を拡大していくという建前を前面に出したことにあると言えよう。周知のように、古代ローマ帝国は、万人に対して原則的に平等な「共和主義」体制を形式上保持し、領土拡張に際しては、他民族であっても、ローマの統治体制を受け入れれば、同盟者として受け入れるというスタンスを取った。ローマは、単に自らの権力欲を満足させるために領土を獲得するのではなく、自らを取り巻く「外部」を「世界」として経営し、その「秩序」を守ることに力を注いだ（＝パクス・ロマーナ）。現代の帝国である「アメリカ」も、冷戦後の「新世界秩序」を維持すべく、文明に対する敵対勢力＝悪の枢軸のために正義の戦争を遂行することを自らの使命だと考える（＝パクス・アメリカーナ）。いずれの「帝国」も、自らの勢力圏を拡張することが、「世界平和」の実現に繋がるとの確信のもとに戦争を続けた。

広大化した世界「帝国」の統治システムに人々を自発的に従わせるために、ローマは、「市民権」を各地の有力住民に付与し、「共和制」の一員にしていった。「ローマ市民」に対しては、普遍的に妥当する「法」の下での平等が保証された。市民権を民族や宗教に限定しないで、原理的に開いたものにすることで、支配されているはずの人々に「帝国」との一体感を持たせた。ローマの巨大化した統治機構と軍事組織は、市民権を得た各地の属州民たちによって支えられていたのである。

アメリカにとってこれに相当するのが、世界各地からの移民から構成される「多民族社会」に特有の国家体制と、国連と連動した国際的な安全保障体制である。アメリカ国内では、人口比率から見ても社会的富やステータスの配分状況から見ても、アングロ=サクソン系が圧倒的に優位な位置にあるが、世界中のほぼ全ての民族・宗教を代表する多様なエスニック集団が国内に存在しており、少なくとも形式的には、「法」の下での平等を保証されている。全ての「文化」に対して開かれた「多文化主義」が建前になっているため、原理的には、どのような文化的出自を持つ人間でも「アメリカ市民」になれる可能性がある。多民族によって「アメリカの世論」が形成されているわけであるから、アメリカの世界戦略は、エスノセントリズム(自民族中心主義)やナショナリズムであるという非難を受けにくいというメリットがある。現在アメリカの外交政策の看板になっている国務長官[*4]と国家安全保障担当大統領補佐官[*5]は、いずれもアフリカ系であり、アングロ・サクソン中心主義というレッテルを避けるのに非常に好都合である。

しかもアメリカが「文明の敵」に対して軍事行動を起こす際には、湾岸戦争の場合のように、国連システムを軸にして「同盟」諸国の「協力」を得るという形を取るので、民族色は更に薄まる――英国だけが協力すれば、かえって濃くなってしまうわけだが。「同盟」の主宰者は常にアメリカであるが、形式的には国連やNATO（北大西洋条約機構）の合議を経て決定に至るので、あたかも「国際社会＝世界」と「アメリカ」が一体になっているかのような様相を呈する。一国の元首にすぎないブッシュの言葉が、「世界」の意志になってしまう。まさに、「ローマ」と「世界」の関係である。

「帝国」としてのアメリカ

ネグリ＝ハート著『帝国』の主題になっている「帝国 Empire」とは、ローマやアメリカのように、単に物理的「力」で他民族を征服・支配するだけではなく、「世界」の中で特殊な中心的位置を占める存在である。「帝国」が存在するということは、諸民族・国民がカオス状態の中でバラバラに併存しているのではなく、（帝国を中心とする）一つの「世界秩序」が何らかの形で成立していることを意味する。その点に注目すれば、「帝国」はまずもって、法（＝秩序）的概念である。

〈帝国〉の概念は、少なくとも古代ローマにまで遡ることのできる、基本的にヨーロッパ的な長い伝統を通じて現在の私たちにまで伝わってきたものである。また、ローマ帝国によって〈帝国〉の法的－政治的形象はヨーロッパ文明のキリスト教的起源と密接に結びつけられたのであった。つまり、ローマ帝国における〈帝国〉の概念は、法的カテゴリーと普遍的な倫理的価値とを結合させ、一個の有機的全体としてそれらを共に働かせたのである。その後〈帝国〉の歴史がいかなる変遷をたどることになるとしても、この概念の内部でそうした結合が機能しつづけてきたことに変わりはない。(……)〈帝国〉の概念は、社会の平和を維持しその倫理的真実を生み出す単一の権力として、比喩的にいえば、ただ一人の指揮者が指揮する、グローバルなコンサートのようなものとして提示されるのである。しかも、これらの目的を達成するために、こうした唯一の権力に対して、その境界においては野蛮人に抗し、その内部においては反逆者に抗すべく、必要とあれば「正戦[正義の戦争]」を指揮することのできる不可欠の軍事力が授けられるのだ。(水嶋一憲・酒井隆史・浜邦彦・吉田俊美訳『帝国』、以文社、二〇〇三年、二四―二五頁)

こうした理念的な意味での「帝国」は、形の上でローマ帝国を継承したことになっている「神聖ローマ帝国」のことを念頭に置けば、分かりやすいだろう。神聖ローマ帝国は、必ずしも軍事力や経済力によって傘下のヨーロッパの領邦諸国を支配していたわけではなく、実体的な権力はさほどなかったが、キリスト教世界を守護する使命を(神を代表する)法王庁から与えられていた。「帝国」が――たとえ形式的であるにせよ――存在しているおかげで、「世界」の統一性が保たれていたのである。引用した箇所にもあるように、超越論的な使命を帯びている「帝国」は、自らが管轄している(文明)世界の「秩序」を維持すべく、必要とあれば、境界線を侵犯しようとする「野蛮人」

に対する「正義の戦争」（＝十字軍）を組織する。現代のローマ帝国アメリカは、「悪の帝国」もしくは「悪の枢軸」のカオス的な攻撃（＝テロリズム）から、キリスト教文明の世界の秩序を守るという〝使命感〟を絶えず誇示する。

ネグリ＝ハートの「帝国」論のもう一つのポイントは、問題になっている「帝国」が、一九世紀末の〝帝国〟、つまりレーニンの「帝国主義」論で論じられている〝帝国〟とは異なるということである。単に、一九世紀末には複数のヨーロッパ諸国が帝国化していて、現在のように一極集中はしていなかった、というだけのことではない。ハンナ・アーレントも『全体主義の起源』の中で指摘しているように、一九世紀の植民地「帝国」は、同質的な人々から構成される「国民国家」を基盤としていた。高度に資本主義が発達したヨーロッパ諸国は、国内におけるプロレタリアートの不満を解消すべく、海外植民地から「搾取」してきた「剰余価値」を本国に還元するようになった。「国民」一丸となって、海外での「植民地」獲得競争・経営に従事する態勢を取ることで、国民＝国家の一体性を高めたわけである。そのため、本国と植民地の双方を普遍的な法権利によって統治しようとする「帝国」とは根本的に異質な、「アイデンティティ（同一性）」と「差異」の原理によって運営されることになる。

国民国家の主権は、ヨーロッパの列強が近代という時代を通じて築いた帝国主義の礎をなしていた。しかしながら、私たちは「〈帝国〉」という言葉によって、「帝国主義」とはまったく異なる事態を指し示している。近代の国民国家システムによって規定された境界は、ヨーロッパの植民地主義と経済的拡張にとって根本的なものであった。国家の領土的境界によって権力の中心が確定され、またそれを起点に外へと向う支配が、生産と流通の流れを促進したり妨害したりするさまざまな回路と障壁のシステムを通じて、外国の領土に及んだのである。じっさい帝国主義とは、ヨーロッパの国民国家による、それ自身の境界を越える主権の拡張のことだった。その結果、最終的には世界のほぼ全領域が分割されるにいたり、世界地図全体も英国の領土は赤色、フランスは青色、ポルトガルは緑色などといった具合に、ヨーロッパ諸国の色に応じて塗り分けられることになった。近代的主権は、どこに根を下ろそうとも、かならずや一個のリヴァイアサンを構築したのである。このリヴァイアサン自身、自己のアイデンティティの純粋さを保全し、それとは異なるものすべてを排除するために、社会的領域全体を支配し、階層的な領土的境界を強いてきた。(『帝国』、四―五頁)

ヨーロッパの植民地〝帝国〟は、自然な「国境」の内で囲い込まれてきた、自らの同一性(=アイデンティティ)・統一性・安全性を保持しながら発展していこうとする、近代的な「国民 nation」のナショナリズムに支えられてきた。文化・歴史・エスニシティなどを共有する同質的な「国民」が核にあるので、海外領土を獲得すればするほど、支配し、コントロールしなければならない「異分子=差異」を多く抱え込むことになる。本国を構成する「国民」の人口が爆発的に増えるわけではないので、植民地を拡大し続けることは次第に困難を来すようになる。実際、西欧の植民地〝帝国〟は、第二次大戦の終結以降、次々と「植民地」を手放して、普通の国民国家に回帰していったし、社会主義〝帝国〟ソ連も非ロシア民族の連邦離脱・独立問題がきっかけで崩壊した。

こうした「国民国家」による帝国主義の時代が終焉した後に、登場してきたのが現代の「帝国」だというのである。「帝国」は、「国境」によって閉じられた同質的な「国民」を基礎にしているのではなく、「自己」を拡張するごとに、異なる文化や民族を取り込み、支配者／被支配者の階層構造自体を変化させる。つまり、ローマ「帝国」のように、本国／植民地の区別を曖昧化することで、自らの影響圏を拡張していくわけである。加えて現代のグローバル資本主義のシステムにおいては、軍事的・政治的な支配と必ずしもリンクしない形で、経済的な支配関係が成立しうる。旧来の帝国主義の脱中心化を通して、より〝普遍化〟された「帝国」が浮上してきたと見ることもできよう。

〈帝国〉とは、脱中心的で脱領土的な支配装置なのであり、これは、そのたえず拡大しつづける開かれた境界の内部に、グローバルな領域全体を漸進的に組み込んでいくのである。〈帝国〉は、その指令のネットワークを調節しながら、異種混淆的なアイデンティティと柔軟な階層秩序、そしてまた複数の交換を管理運営するのだ。要するに、帝国主義的な世界地図の国別にきっちりと塗りわけられた色が、グローバルな〈帝国〉の虹色のなかに溶け込んでいったわけである。（『帝国』、五頁）

こうした側面から見れば、ネグリ＝ハートの言う、グローバルな「帝国」は、ドゥルーズとガタリが『アンチ・エディプス』や『千のプラトー』で分析してみせた、自らの基盤とする「属領」との繋がりを緩めて脱中心化しながら「自己」拡張し続ける「資本」（＝「機械状無意識」）の運動と繋がっているると言える。

『帝国』と「アメリカ」

『帝国』の第二部第五章「ネットワーク的権力」では、「アメリカ」がその建国以来、近代ヨーロッパの国家主権とは異なった原理によって形成され、開かれた「フロンティア」を特徴としてきたことが歴史的に分析されている。アメリカの「憲法＝国制」は、一定の体制へと固定化することなく、様々な危機を乗り越える度に、柔軟に変容してきた。それが、〈帝国〉への道を準備したというのである。アメリカにも、ヨーロッパ的な帝国主義路線を歩もうとした時期はあったが、ヴェトナム戦争の敗戦を契機として、不可避的に〈帝国〉的支配へと回帰せざるを得なくなった。冷戦終焉と湾岸戦争によって、アメリカの「憲法＝国制」の歴史の中で理念的に培われてきた〈帝国〉が、グローバルな政治に現われてきたというのである。

冷戦の衰退期とその終焉の後に、国際的な警察権力を行使する責任が合衆国の両肩にまともに「降り掛かってきた」。湾岸戦争は、合衆国がこの権力を完全なかたちで行使することのできた最初の機会であった。（……）イラクは国際法を破ったかどで告発され、また、そのために裁かれ罰せられなければならないとされた。だが、むしろそれよりも、湾岸戦争の重要性は次のような事実に由来するのである。つまりそれは、この戦争によって合衆国が、それ自身の国家的動機に応じてではなく、グローバルな法権利の名において、国際的正義を管理運用することのできる唯一の権力として登場した、ということである。たしかに、それ以前にも多くの列強が普遍的な利害にもとづいて行動するのだという偽りの主張をしてきたが、合衆国のこの新しい役割はそれとは異なっている。おそらくより正確には、こうした合衆国による普遍性の主張もまた同じく偽りのものであるだろうが、しかし、それは新しいやり方で人を欺くものだと言うべきだろう。合衆国世界警察は、帝国主義の利害関心ではなく、〈帝国〉の利害関心にもとづいて行動するのである。この意味でジョージ・ブッシュ（注ジョージ・ブッシュ元大統領）が主張したように、まさに湾岸戦争は新世界秩序の誕生を告げるものであったのだ。（『帝国』二三二―二三三頁）

「帝国主義の利害関心ではなく、〈帝国〉の利害関心」というフレーズは、一つの「秩序」体としての「世界」像を明確に持っていない〝我々日本人〟には、抽象的でなかなかピンと来にくいが、冷戦の終焉をもって諸「帝国主義」〝相互〟の競合関係が消滅して、国際政治における「アメリカ」の動機付けが変わったこととして理解すれば、比較的分かりやすいだろう。つまり、アメリカの立場からすれば、ソ連・東欧ブロックに対抗して、自らの軍事・政治・経済的影響圏を守るべく、「帝国主義」戦争を展開する必要は事実上なくなったのである。ワルシャワ条約機構とコメコンが消滅し、放っておいても、第三世界・旧東欧諸国が資本主義のグローバルな市場に進んで参入するようになった状況では、戦争によって「領土」を拡張する余地はもはやない。いわば、「内部／外部」の区別が消失し、全てが一つの「世界」へと収斂しつつあるわけである。

この普遍化された「世界」の中で「アメリカ」にとって戦争を起こす理由があるとすれば、それは、帝国主義的なものではなく、自らが中心的な位置を占めることになった「世界秩序」を守るということでしかあり得ない。逆に言えば、「世界秩序」を維持していくこと自体が、その中で警察官としての特権的な地位を保持しているアメリカの利益にもなるのである。この側面から見れば、湾岸戦争以降のアメリカ主導で行なわれてきた戦争は、まさに「正戦」（もしくは「聖戦」）なのである。

ただし、当然のことながら、脱領土化された「グローバルなネットワーク的権力」の中で特権的な位置を占めているというのは〝矛盾〟である。「アメリカ」がその開かれた「憲法＝国制」ゆえに、自らの「権力」構造を柔軟に変化させられるとしても、一定の国土と人口を有する「国家」である以上、その開放性には限度がある。「アメリカ」がいかに多くの移民を受け入れても、「世界」の全ての人間が、アメリカ市民になれるわけではない。「国家」としてのアメリカの領域がこれ以上広がったら、富と情報を集中させることが困難になり、アメリカ人であることのメリットは失われていくだろう。ヨーロッパ的な国家主権の原理を弱めていくことによって、グローバルな〈帝国〉への道を歩むようになったアメリカであるが、その道を最後まで突き進んだら、権力の中枢としての自らを解体せざるを得ないというジレンマを抱えている。

ネグリ＝ハートは、この意味で、実在するアメリカが、生成しつつある〈帝国〉と必ずしも一致していないことを指摘する。むしろ、脱中心化が更に進展していけば、実在するアメリカから切り離されて、一層グローバルな権力が生じてくるはずである。それが多様なアイデンティティを有する「マルチチュード（群衆＝多数性）」の世界市民的ネットワークの中から立ち上がってくる「構成的権力」である。「構成的権力」とは、既成の国家＝憲法体制の枠組みの中で「構成された権力」とは異なり「マルチチュード」の自由な想像力を通して自然と生成してくるものである。

何よりもまず来るべき〈帝国〉はアメリカではないし、アメリカ合衆国はその中心ではない。本書でずっと描いてきた〈帝国〉の根本原理は、〈帝国〉の権力は特定地域に局所化可能な現実的な地勢も中心ももってはいない、ということである。〈帝国〉の権力は、流動的でかつ節合された管理の仕組みを通してネットワーク状に配分されている。だからといってアメリカ政府と合衆国の領土には他と比べて異なる点がまるでない、というわけではない。アメリカ合衆国は、〈帝国〉のグローバルな区分化と階層秩序のなかで特権的な位置を占めている。しかし国民国家の権力と境界が衰退するにつれ、国家の領土間の差異はますます相対的なものになっている。それらはいまや性質の差異（たとえば、かつての植民地本国の領土と植民地のあいだの差異のような）ではなく、程度の差異なのである。／さらにいえば、アメリカは〈帝国〉の危機と衰退を取り除くことも回復することもできない。（……）危機を乗り越える手段は、主体の存在論的転位にほかならない。それゆえもっとも重大な変化は、人間性の内部で生じるのだ。（……）〈帝国〉の理念が再び現われるのはここだ。領土としての〈帝国〉でも、特定の時間と空間の次元を有する〈帝国〉でも、ひとつの民族やその歴史の見地に立った〈帝国〉でもなく、ただたんに、普遍的なものに生成する傾向を備えた、存在論的な人間の次元の織物としての〈帝国〉である。(『帝国』、四七八―四七九頁)

西欧近代的な世界において、自立した「主体 subject」になることとは、各「国民国家」の境界線の内部で構成されている既成の「権力」に「従属する be subject to」ことと事実上イコールであった。言い換えれば、「国民国家」が「主体」の有るべき姿のモデルを提供してきたわけである。例えば、フランス革命を主導したブルジョワジーたちが「フランス国民」の原型となり、一八四八年の革命で中心的な役割を果たした教養市民層が「ドイツ国民」のモデルになるといった形で。アメリカの場合は、本国から自由を勝ち取った建国の父たちや、中・西部を〝開拓〟して領土を拡張したフロンティアたちをモデルとすることで、開かれた「アメリカ国民」の〝共同体〟が形成されてきたわけである。しかし、開かれすぎれば、「アメリカ国民」というイメージ自体がぼやけてしまい、〝共同体〟の体をなさなくなる。アメリカを核に形成されてきた現在の〈帝国〉は、グローバリゼーションのために、そうした意味で「アイデンティティ」の危機に陥っている。〈帝国〉自体の領土的境界線が相対化されていることに加えて、それを構成する〈帝国〉市民のイメージも不鮮明になっている。〈帝国〉の危機と並行して、「主体＝臣下 subject」たちの存在自体も不安定化し、変容を迫られているのである。

これまでグローバルな〈帝国〉の中で特権化された「場」であったアメリカまでもが、明確な国の形を失って崩れ始める時、「国家」という「構成された権力」に囚われない「マルチチュード」

の本格的な活動が始動するというのが、ネグリ＝ハートの読みである。いかなる国境やアイデンティティにも妨げられず、異種混淆的に連帯し合う「マルチチュード」に対応する形で、領域な限界を持つ〝アメリカ〟を越えた本来の意味で〈帝国〉が現われる。ネグリ＝ハートに言わせれば、マルチチュードが直接的に構成する普遍的な〈帝国〉の生成は「人間性」そのものを作り替える存在論的転位なのである。

イラク攻撃と〈帝国〉の行方

こうした〈帝国〉という側面から見た場合、アメリカが遂行している「イラク戦争」は何を意味するのだろうか？　周知のように、二〇〇一年の「九・一一」後のアメリカは、対アフガン戦争を実行したのを皮切りに、英国と組んで、露骨にアングロ・サクソン中心主義的な対外政策を取るようになった。ブッシュが「悪の枢軸」や「十字軍」といった新保守主義的なレトリックを採用するようになったのに呼応して、アラブ・イスラム圏を危険視するハンチントン[*6]の「文明の衝突」論が再浮上し、「文明世界の敵」を象徴する「イラク」などに敵対する雰囲気がアメリカ国内に蔓延していった。

アメリカが、ドイツやフランスといった西欧同盟国の意向までも無視して、あまりにも強引に「イラク制裁」を主張した結果、「無限の正義」というのは、実は、アメリカの威信と国益を守ることではないかとの不信感が、アメリカの「外部」で広がった。簡単に言えば、あらゆる種類の人々に対して普遍的に開かれた国家であったはずの「アメリカ」が、自己の領域・国民に固執する「アイデンティティ・ポリティクス」をはっきりと取るようになったわけである。そのため、次第に閉ざされていくアメリカが、〈帝国〉の要としての役割を果たせなくなりつつある。

「(新)世界秩序」を守るためでなく、自国民の利益のために「戦争」するのは、ネグリ＝ハートの〈帝国〉ではなく、一九世紀的な帝国主義国家である。アメリカが国連安保理での論議を無視して単独でイラクを攻撃し、サダム・フセイン政権の打倒に成功したとしても、それは、グローバルな〈帝国〉の中でのアメリカの特権的地位を確認することにはならず、むしろ国家であるがゆえの「限界＝境界線」を露呈することになる。アメリカは、超大国としての圧倒的な軍事的優位を他国に見せつけようとすればするほど、〈帝国〉と結び付いた自らの正当性の基盤を掘り崩すことになる。

代表的なグローバル企業とされながら経営破綻したエンロンやワールドコム[*7]の不正会計問題や、アメリカの「ニュー・エコノミー」神話の崩壊も、経済の面から、アメリカ的な「グローバリズム」が、本当の意味でグローバルに開かれたものではなかったことを証明した。最近ではあまり話題にならなくなったが、京都議定書[*8]の批准・発効問題でも、地球全体の環境よりも、〝国内産業〟の利益・成長率を重視するアメリカの一国中心主義的な頑なな姿勢が、この国家の非グローバル性を印象付けた。

こうした一連の事態を、ネグリ＝ハートの言う「〈帝国〉の危機と衰退」の徴候と見るのはあながち不当ではないだろう。また、二〇〇三年二月十五日以降の（米国内でのそれも含めた）世界的な反戦運動の急速な広がりは、従来の左翼的な「反米・反帝闘争」の枠には収まらない「マルチチュード」的な動きと見ることができる。「戦争反対」を共通分母にして、右派的な人々も含めて様々な勢力が戦争反対の動きに加わっている。

筆者は〝典型的な左翼〟ではないので、大規模なデモが行なわれることが、来るべき「闘争」への序章になるといって喜ぶつもりはないし、こうした運動を継続的に行なっていくための「組織化」が必要であるなどと主張するつもりもない。むしろ、そうした「運動」論的な発想は、国家の枠内で「構成された権力」に由来するものと言うべきだろう。〝闘争・運動の経験の蓄積〟なるものを積んだ特定の党派の思惑を越えて、予想のつかなかった変則的な動きが出てくるからこそ「マルチチュード」なのである。最初に「運動ありき」では、元の木阿弥だ。今は、そうしたグローバルに広がる「マルチチュード」的な動きを視野に入れながら各人が、「構成された権力」から〝自由〟になった自分を「再想像」することが重要であると思う。〝再想像した自分〟にとって必要だと思うことをやればよいのである。

（二〇〇三年四月）

＊4　コリン・ルーサー・パウエル（一九三七―　）二〇〇一年―〇五年、米国務長官。J・W・ブッシュ政権内の穏健中道派と目され、その対国連協調路線が政権内で受入れられず、辞任したとの憶測をよんだ。

＊5　コンドリーザ・ライス（一九五四―　）二〇〇一年、国家安全保障担当補佐官、〇五年にはパウエルの後を受け国務長官に就任している。

＊6　サミュエル・P・ハンチントン（一九二七―　）アメリカの政治学者。

＊7　二〇〇一年一二月、総合エネルギー取引、及びITビジネスでアメリカの大企業であったエンロンが巨額の不正取引、粉飾決算などが明るみになり破産、更に翌年二〇〇二年七月にも同様の問題で、アメリカの大手電気通信事業者ワールドコムが、日本流にいう「会社更生法」の適用を申請。負債額もそれまでの最高だったエンロンを抜いて（日本円にして）総額一二兆円あまりと、アメリカ史上最大の経営破綻となった。

＊8　正式名称は「気候変動に関する国際連合枠組条約の京都議定書」。一九九七年一二月に京都で開かれた第三回気候変動枠組条約締約国会議で採択された。地球温暖化抑制を目的とし、先進各国などが数値と期限を掲げて二酸化炭素等、温室効果ガスの排出削減目標を定めている。

3 進化する資本主義と「物象化」

「物象化」と資本主義

日本において、マルクス主義と現代哲学の間の「対話」を可能にしたマルクス主義哲学者廣松渉（一九三三―九四）は、フッサール現象学における「四肢構造＝共同主観性」論と、『資本論』の「物象化」論を結合することで、自らの理論の軸を作り出した。我々の生きる交換社会では、「商品」としての「等価」交換関係を通して、相互に異質な「ものａ」と「ものｂ」との関係が「ａ＝ｂ」という形で一義的に規定されており、そのように規定された「物」を媒介にして関わり合っている「主体」同士の関係（＝共同主観性）も、あたかも「物」であるかのように固定化されている。「物＝商品」の客観性を中心として、「世界」が構成されており、我々はその「外側」にある多様な〝もの〟を認識できなくなっている。我々は、一義的に規定されている「物」としてしか「客体」を認識しえない。これが、廣松の問題にしている「物象化」である。初期フランクフルト学派[*9]のアドルノ（一九〇三―六九）も、これとほぼ同じ意味で、「物象化」現象を理解している。アドルノによれば、

「我々」は、等価交換関係の「物象化」した連鎖の中で「主体」として「同一化」されているのである。

こうしたアドルノ＝廣松型の「物象化」理解に立つと、「我々」が、この物象化された世界で「物」に囚われた「主体」である限り、「商品」を中心的なモードとする「客観性」を脱することはできない。もし、そうした物象化された〝客観性〟を回避したとすれば、それは、「我々」が合理的主体ではなくなったこと、主体として既に消滅したことを意味する。私たちの「理性 ratio」自体が、等価交換関係の「合理性 rationality」と連動しているからである。従って、「物象化」からの全面的な「解放」は不可能であり、「我々」はその都度、自らの「思考」を内側から――共同主観的に――支配している「物」と闘わねばならないことになる。人類の歴史において、等価交換が始まった〝瞬間〟以来、「物」による一元的な支配が「我々＝共同主観」の意識を根源的に捉えているのである。現代「資本主義」における高度に進行した物象化の形態を解体することはできたとしても、「我々」という共同主観性それ自体が最も深いところで「物象化」されているという原初的事態は変わらないのである。

こうした「根源」的な物象化理解に対して、マルクスの重要概念としての「物象化」を二〇世紀に入って再発見し、ネオ・マルクス主義の用語として広めるきっかけを作ったハンガリーのマルクス主義哲学者ルカーチ（一八八五―一九七六）は、この現象をむしろ「資本主義」に特有のものと見ていた。客体＝土台に重きを置く正統派マルクス主義に対して、階級「意識」に重きを置く、新しいマルクス主義理解を展開した『歴史と階級意識』でルカーチは「物象化」を以下のように定義している。

すでにしばしば強調されてきたことであるが、商品構造の本質は、人間と人間との関わりあい、関係が物象性という性格をもち、こうしてまた「幻影的な対象性」をもつようになり、そしてこの対象性が、その厳格な、見かけ上は完結した、合理的な独自の法則のなかに、みずからの根源的本質である人間関係のすべての痕跡を蔽い隠している、ということにある。（……）ここですべきことはただ――マルクスの経済学的分析を前提として――一方では対象性形態に対応する主体の態度から生じてくる基本問題を指摘することである。これらの基本問題を理解することによって、はじめてわれわれは、資本主義とその没落とに関するイデオロギー的諸問題をはっきり見とることができるのである。／ところで、この問題に取り組むためには、その前にわれわれは、商品の物神性という問題が、われわれの時代つまり近代資本主義に特有の問題だ、ということを明らかにしておかねばならない。商品流通と、それに対応する主体および客体における商品諸関係とは、社会のごく初期の発展段階にすでに存在していた。だがこの場合重要となるのは、商品流通とその構造的結果とが、社会の内的生活および外的生活の全体に、どれだけ広く影響を及ぼしうるか、ということである。したがって、商品流通がどの程度まで社会の物質代謝の支配的問題であるかという問題は、たんに――すでに支配的な商品形態の影響を受けて物象化されている近代の思考習慣にふさわしく――量的な問題として取り扱われるものではない。商品形態がすべての生活環境に決定的影響をあたえる支配的形態となっている社会と、商品形態がただエピソードのように副次的にあらわれる社会との相違は、むしろ質的な相違である。（城塚登・古田光訳『歴史と階級意識』、白水社、一九九一年、一六二―一六三頁）

「商品」の「幻影的対象性」の内に、「人」と「人」の間の関係性（＝共同主観性）が反映しているという視点から、「物象化」を説明しようとする点では、廣松とルカーチは共通しているが、明らかに以下の二点において両者の「物象化」観は異なっている。それは⑴「物象化」を、高度に発展した資本主義の市場の中での「商品形態」との関係に特化して考えるのか、それとも交換社会の歴史と同じ歴史を持つ人間社会の根源的現象と見なすのか⑵「物象化」が生じている場所を「主体」の内と見なすか否か――ということである。⑴の違いの帰結として廣松理論においては、「物象化」からの〝最終的な〟出口が見えてこないのに対して、ルカーチの場合は、「近代資本主義」と共に始まった「物象化」は、近代資本主義を克服することによって基本的に終焉に追い込める、という期待がもたれる。近代資本主義に「特有」な「商品」を中心にした人間関係を、そうではない新たな関係、社会主義的な関係性へと組み替えることで、我々が「物象」から解放されるチャンスが見えてくるわけである。

そうした前提に立つルカーチの「物象化」克服論においてカギになるのは、⑵で問題になる「主体」の「意識」の有り方である。廣松は、物象化の核となる「物象」は、「主体」と「主体」の〝間〟に、間主観的に有るという形で四肢構造を組み立てており、「物象化」が「主体」の意識の「内部」に有るとは見ていない。廣松批判者の中には、「共同主観性」を〝同じ様な主観的幻想を集団が抱いていること〟と素朴に理解している人が多いが、これは廣松の「解釈」としては見当外れである。〝我々〟の「主観性」自体が、物象化された共同主観的な関係性の中で形成されたものである以上、〝我々〟が幻想から覚醒すれば、解放されるという単純な話しにはならない。そもそも解放されるべき、もとの〝我々〟なるものが有るかが疑問である。「共同主観性」を、「単なる集団的思い込み」と見なす「物象化」論批判は、むしろルカーチの方に当てはまるだろう。『歴史と階級意識』におけるルカーチの議論は、「物象化」を主観的な「思い込み」と断ずるほど単純ではないが、「物象化」を、商品取引に関与している諸主体の「意識」の「内部」で生じる現象と考えていることは間違いない。「物象化」は、客観的現実を認識できない、「意識」の問題なのである。

資本のこのような諸形態〔商人資本や貨幣資本という形態〕は、たしかに客観的には生産そのものにおける剰余価値の搾取という資本本来の生活過程に従属しており、したがってそれらの形態はただ産業資本主義の本質からのみ把握できるのである。だが、それらの形態は、ブルジョア社会の人間の意識のなかでは、資本の純粋な、本来の、偽りのない形態としてあらわれる。これらの資本諸形態のなかでは、人間相互の関係や実際の欲求充足の現実的客体と人間との関係は、直接の商品関係のなかに隠されており、ぼやけて知覚できないものになっているからこそ、物象化された意識にとっては、それらの資本諸形態が社会生活の真の代表者とならざるをえないのである。ここでは、商品の商品的性格、すなわち計算可能性という抽象的・量的形態が、きわめて純粋なかたちであらわれる。したがってこの商品的性格は、物象化された意識にとっては、資本本来の直接性の現象形態となるのであり、この直接性を意識は——物象化された意識として——まったく乗り越えようとしないのである。（前掲訳書、一七六—一七七頁）

ここでルカーチが「物象化された意識」と言っているのは、自分自身にとって本当に必要な欲求充足の客体や関係性が見えなくなり、「商品」という計算可能な形態の内に抽象化された形態を通してしか、〝現実〟を見ることができなくなった「意識」である。つまり、「資本」によって固定化された〝現実〟の外部に、より生き生きした現実を見ることができなくなっている「意識」である。

ルカーチは、こうした意味での「物象化」を、『プロテスタンティズムの倫理と資本主義の精神』の著者として有名な社会学者マックス・ウェーバー（一八六四―一九二〇）の「近代化」論と絡めながら、近代において極度に進行した「合理化」の産物として理解している。ウェーバーによれば、近代においては、「資本主義的経営」の計算的合理性と連動する形で、労働、司法、行政、ジャーナリズムなどの各領域における「合理化」が進み、まるで「物」のように人々の主体性から独立した、抽象的な法則・機構が支配するようになる。「分業」によって相互に結びついている社会活動の全領域にわたって、「物象化」された意識構造が確立されており、人々の振る舞いが「経営」的合理性のモードに従っているわけである。

このように、自らの現実（対象）との接点を喪失した「物象化された意識」という視点から、「物象化」を説明するルカーチの論法は、マルクスが『経済学・哲学草稿』で示している「疎外」論の構図に近い――『歴史と階級意識』が出版された時点では、草稿はまだ発見されていない。廣松は、労働者の「意識」のレベルで生じる「疎外」と、それよりも根源的な「共同主観性」のレベルを区別したうえで、「疎外論から物象化論へ」という形で、前期マルクスから後期マルクスへのパラダイム変換が起ったと主張しているが、ルカーチはそのような段階の区別は行なっていない。ルカーチにとって問題なのは、自らの「社会的存在」を正しく把握できていない「意識」なのである。ルカーチは、「意識」が「物象化」から脱出するには、自らの置かれている状態を認識するしかないと主張する。社会的存在である我々にとって、自己自身の立場を認識するということは、必然的に「実践的」な意味を持つのである。

とりわけ労働者は、自分自身を商品として意識するときにのみ、自身の社会的存在を意識することができる。労働者の直接的存在は労働者を（……）生産過程内部での純粋な単純客体という位置につける。だが、この直接性が多面的な媒介の結果であることが証明され、この直接性の前提となるものがすべて明白になりはじめるとともに、商品構造の物神的形態が崩壊しはじめる。すなわち、労働者は商品のなかで自分自身を認識し、資本と労働者自身の関係を認識するのである。したがって、労働者がこの客体としての役割を克服することがまだ実践的に不可能であるかぎり、かれの意識は「商品の自己意識」である。（……）だが、労働者が自分を商品として認識することは認識としてすでに実践的である。すなわち、この認識は、その認識の客体の対象的な構造的な変化をもたらすものなのである。（前掲訳書、三〇三―三〇四頁）

労働者は、自分が「労働力」商品であることを客観的に自覚することを通して、「商品」としてではない関係性を他の主体たちとの間で結ぶことができるようになる。こうした労働者の「意識」における実践が、物象化からの解放につながっていく。無論、これは既に台頭しつつあった、「土台＝生産力」の重点化を目指すスターリン主義とは相入れないマルクス主義理解であり、ルカーチの思想は、東欧では主流となりえず、むしろグラムシのヘゲモニー論と対になる形で、西欧マルクス主義の形成に大きな影響を与えることになる。

「意識」の物象化と「九・一一」

ルカーチの「意識の物象化」論は、その後、「物象化」の間主観的な側面を強調するアドルノなどの批判を受けるようになり、政治的には西欧の左派の間で一定の影響力を保っていたものの、「理論」としてはさほど有力ではなくなった。ルカーチ自身も晩年になって、「社会的存在の存在論」を再構築するに際して、主体の「意識」に軸を置いていたかつての路線を大幅に修正することになった。

初期ルカーチの「物象化」論が、理論的な魅力を失っていった背景については様々な説明が可能だが、筆者なりにまとめれば、「物象化」の「意識化」だけでは、資本主義的〝現実〟も、またスターリン主義的社会主義の〝現実〟も変化させることができなかった、という挫折感が生まれた、ということになるだろう。生産のための「合理性」を中心に組織化された「近代」の〝非人間性〟に関する認識は、それなりに流布するようになったが、だからといって、「物象化」された〝現実〟が解体し始めたようには思えない。そうした知的雰囲気が蔓延するようになった一九六八年前後の状況の中で、アドルノや廣松のように、より根源的な深層における「物象化」を問題にする理論が台頭してきたのは、ある意味で当然のことだろう。無論、「物象化された意識」の変革を通しての

「革命」を標榜するルカーチ理論に比して、アドルノや廣松の枠組みでは、「物象化」批判を、直接的に左翼的な「政治」へと展開するのは困難である。ドイツでも日本でも「物象化」は、いつのまにか「革命」「解放」といった左翼的政治の言語体系から遠ざかっていった。

しかし、二〇〇一年の「九・一一」を機に、これまでかなり哲学的にクールになっていた「物象化」をめぐる議論が、再び活性化する可能性も生じてきた――と筆者には思われる。二〇〇二年にアソシエ21[*10]第四回年次大会に際して来日した米国の歴史学者エリ・ザレツキーは、「九・一一」を機にニューヨーク市内で「脱物象化」が進行していると論じている。それ以前のニューヨークは、「物象化」が高度に進んだ都市であり、これを「アメリカ」を代表するものとして攻撃したハイジャッカーたち自身も、ある意味で〝ニューヨーク〟という「物象化」されたイメージに囚われていた、という。

具体的にどういうことかと言えば、多くの人々は「攻撃」が起こるまで、国際金融都市ニューヨークの中心部に位置する「世界貿易センター・ビル」を、「資本主義」「帝国主義」「グローバリズム」「国際金融システム」「株式市場」といった極めて、抽象的で、非人間的な「物」の象徴として見做していた。生きている個々の人間は見えてこないで、「資本」という幻影的対象性を帯びた「物象」だけが一人歩きし、自己増殖しているように見えていたわけである。

ところが、「攻撃」によってそうした非人間的な「物象」の支配力が一旦途絶えたことによって、今までその影に隠れていたヒューマンなもの、〝物〟を間主観的に構成している人々の個性的な姿が浮かび上がってくるようになった、とザレツキーは主張する。「世界貿易センター・ビル」にいるような人間は、資本の権化のようなWASP[*11]の銀行家やディーラーたちに違いない、と我々は考えがちである。しかし、実際その中で働いていて「攻撃」で亡くなった人の多くは、近郊の町から働きに来ていた中下層の若者たち、あるいはアラブやイスラエルも含めた全世界からの移民である。日本や韓国などから派遣されて来た普通の会社員もいる。また、ビルの倒壊に巻き込まれて死亡した消防士や一般市民のほとんどは、決してブルジョワではない。亡くなった人たちの短い伝記を次々と掲載していく『ニューヨーク・タイムズ』の企画、行方不明の家族や恋人、友人を求めて街の中をさ迷う人々の姿などを通して、「資本」という「物象」の背後に、個々人の多様な生活があったことが改めて明らかにされたわけである。

ザレツキーの理解によれば、こうした「脱物象化」を引き起こしたのは、「九・一一」によって人々が心に受けた「トラウマ（心的外傷）」である。トラウマは、そのインパクトが大きすぎるため、心が日常的な「意識」レベルで普通に反応することができず、無意識下に抑圧してしまう「出来事」に起因する。この無意識の記憶の中に抑圧された「出来事」が、「心」にとっての「傷」になっているものが、「トラウマ」だ。「トラウマ」は、「意識」の通常の流れを瞬間的に遮断してしまう。この遮断によって、それまで「物象」に囚われていた人々の「意識」は一時的に解放され、人々は「資本」を媒介にしない、より親密で直接的な関係を築こうとする。ザレツキーは、「トラウマ」から回復しようとする過程の中で、今まで「物象化」の影に隠れていた〝人間的なもの〟を基礎にして「連帯」した人々の動向を「脱物象化」のポジティヴな成果と見ている。

無論、「脱物象化」のみが一方的に進行して、ニューヨークの人々が「解放」されたわけではない。一時的に中断した、グローバルな「資本」システムを再建しようとする「再物象化」の動きも、「脱物象化」とほぼ同時にスタートした。しかもこれまではなかった新たな「物象」も加わってきた。アメリカ主導のグローバリズムに対抗する「タリバン」「アル・カイーダ」「ビン・ラディン」「イスラム原理主義」などである。今では、「アメリカ＝グローバリズムVSイスラム＝反グローバリズム」の二項対立図式が、複合的な「物象」として成立しつつあり、「脱物象化」への動きは大幅に後退することになった。

しかしながら、「九・一一」後のごくわずかの〝断絶〟の間に見られた、「脱物象化／再物象化」の交差のおかげで、「物象化」が全面的に普遍的で安定した現象ではなく、不連続的な局面も含んでいることが明らかになった、と見ることもできよう。人々の無意識レベルに潜在している「トラウマ」の介入によって、「物象化された意識」の中にそうした不連続性が生み出されるのである。

ベンヤミンと都市の物象化

ザレツキーは現代資本主義における高度に発達した「物象化」の特徴として、資本主義的な「都市」空間における大量消費「文化」を挙げている。具体的には、人々の「欲望」が「流行＝モード」という形で、幻影的に自己増殖していくことである。「流行」というのは、マルクス主義的に言えば、実体的な「使用価値」から離れて、「商品」の「価値」がまさに〝人気〟があるがゆえに、一人でに増大していくことを意味する。

「流行」が、資本主義市場を形成する重要な要因として浮上してきたのは、一九世紀後半以降、特にパリにおいてであるとされている。そうした「流行」の持つ幻影的な性格を資本論の視点から最初に明らかにしたのが、ルカーチ、アドルノの共通の友人であるヴァルター・ベンヤミン（一八九二―一九四〇）である。ベンヤミンは、「物象化」という概念は直接的に用いていないが、マルクスが『資本論』の中で「商品物神」の特性描写のために、「物象化」と並んで使用している「ファンタスマゴリー」という言葉に依拠しながら自らの議論を展開している。「ファンタスマゴリー」とは、一九世紀になって幻灯装置の一種で、「物」を灯に対して遠ざけたり近付けたりすることで、そこから映し出される影に変化を与える仕掛けである。マルクスは、この言葉を単に、対象としての「商品」が人々に幻惑を起こさせることの譬えとして用いたにすぎないが、ベンヤミンは、この言葉に新たな意味を付与し、分析概念へと仕立て上げた。

ベンヤミンの言う「ファンタスマゴリー」とは、「商品世界」における「物＝商品」のイメージが、「物」の実体的属性とは無関係に、「流行」という形で増大していく現象である。言わば、人々の「欲望」を映し出す〝影〟だけが、化け物のように拡張していくわけである。当然、その場の〝欲望〟も、いわゆる労働主体に内在している「自然な欲望」とはかけ離れたものになる。ベンヤミンは、「モード＝流行」の物神（フェティシュ）的性格について以下のように述べている。

モードこそは物神としての商品をどのように崇拝すべきかという儀礼の方法を指定する。（……）モードはどれも有機的なものと相対立しながらも、生ける肉体を無機物の世界と交わらせる。生ける存在のうちに、屍の権利を認めているのである。無機物的なものにセックス・アピールを感じるフェティシズムこそが、モードの生命の核である。商品崇拝はこのフェティシズムを自らのために使うのである。（今村仁司他訳『パサージュ論Ⅰ――パリの原風景』、岩波書店、一九九三年、一五頁）

マルクスの唯物史観の前提からすれば、商品世界の中で生きている人たちは、「資本」によって汚染されていないより〝自然〟なものを求めているはずである。ところが、「モード」は、「生ける肉体」を持った人々を、無機物的なもの、屍へと引きつけることで、「商品価値」を上げていく。人工的に作り出された不自然な〝もの〟が、「モード」にとっては、「生命の核」なのである。商品世界の中で人々が「モード」を追いかけることはいわば、かって太古の人々が〝自然〟の力を宿す「呪物」を崇拝していたのと同様に、フェティシズム（呪物崇拝）的様相を呈する。「モード」の拡張を通して、大都市で消費生活する人のほとんどが、近代版のフェティシズムに勤しむことになるのである。

新しいものは、商品の使用価値から独立した質をもつ。それは、集団の無意識が生み出すさまざまな形象には譲り渡すことのできない仮象の輝きの源であり、モードが飽くことなくその代弁に当たる虚偽意識の精髄である。この新しいものの発する光は、鏡が他の鏡に映るように、絶えず同一なるものという仮象として映る。こうした仮象の生み出したものこそ、ブルジョワジーがその虚偽意識を満喫している「文化の歴史」の幻像（ファンタスマゴリー）なのである。芸術は、自らの使命を疑い始めていて、「有用性から離れえない」（ボードレール）ことをやめて、新しいものを最高の価値にしなければならない。（前掲訳書、一二一頁）

商品市場において、「新しいもの」とは何であろうか？　それは、人々の「（虚偽）意識」にアピールすることを通して、新しい――「自然」とは関係ない――「欲望」を生み出す〝もの〟ということである。こうした「新しいもの」の発する光に導かれて、人々は巨大なファンタスマゴリーを築き上げ、自らその構築物に囚われるようになる。次々と現われてくる「新しいもの」の内に、人々が自己〝同一性〟を見出すことを契機として、「虚偽意識」は一層強化されていく。人々が、新しい「商品」の中に〝自己の欲望〟が反映されるのを確認して、「モード」に対する傾倒を強めれば、「新しさ」の発揮する呪物的力もそれに連動して必然的に強まるわけである。このように、高度に発展した「商品市場」は――「使用価値」を生み出す生産のメカニズムとは独立に――ファンタスマゴリーと人々の無意識の間で展開する弁証法的な相互作用によって、自己の支配圏を拡大していく。欲望が欲望を生み出しているわけだから、この拡大には物理的な制約はない。ベンヤミンの発見した「ファンタスマゴリー→モード」現象は、高度に非物質化、ヴァーチャル化された現代の「商品市場」の特徴を極めて的確に〝予見〟していたと言える。

ベンヤミン

ベンヤミンは、ファンタスマゴリーに覆われた「物神崇拝の世界」からの明確な脱出法は示していない。我々の「欲望」自体が、自らが作り出した（商品の）「新しさ」を追いかけている限り、「物神」に囚われる虚偽意識を消滅させることはできない。「都市」の資本主義的な引力に対する最低限の抵抗戦略として、彼が提案しているのが、「遊歩者」としての生き方である。

彼がイメージしているのは、パリの「アーケード＝パサージュ」を明確な目的もなく、ふらふらとうろついている――ベンヤミン自身のような――「遊歩者」である。このような人物は、資本主義的な都市の景観の中に〝いる〟という事実自体からすれば、既に「商品世界」の一部であるが、その一方で、「流行を追う」という人々の集団的振る舞いから一歩取り残され、周辺的なところに位置している。周辺的な位置にあるがゆえに、彼は、急速に成長する資本主義のシステムから〝落ちこぼれてくるもの〟あるいは〝歪められたもの〟に目を向けることができる。失業者、浮浪者、売春婦、屑拾い、大道芸人、麻薬中毒者……。そうした資本主義と外部との境界線にいる人たち、あるいは、商品市場が生み出してきた〝不自然に新しいもの〟の残骸を視野に入れることで、「遊歩者」は、「物象化された意識」の連鎖から瞬間的に身をふりほどくことができる。

こうしたベンミヤンの遊歩者の戦略は、現在、現代思想において大きなウェートを占めている「都市表象分析」や「カルチュラル・スタディーズ」などに大きな影響力を与えている。ベンヤミンやザレツキーの議論から我々が学べることを一言で要約すれば、「物象化された世界」は、〝不動の現実〟ではなく、切り込んでいくことのできるいくつもの切れ目を含んでいる、ということである。

（二〇〇二年九月）

＊9　フランクフルト大学を中心に一九三〇年代以来、主にマルクス主義等に依拠しながら人文系理論を研究してきた人達の総称。

＊10　主に六〇年安保および全共闘運動を担った元活動家や知識人を広く集めた交流団体。一九九九年四月に設立された。二〇〇九年三月解散。月一での各種講座、研究会のほか、雑誌『アソシエ』（季刊、後に半年刊）、月刊ニューズレターの発行が主な事業であった。

＊11　WASP（ワスプ）「ホワイト・アングロサクソン・プロテスタント」の略語。一般的にアメリカの白人エリートの保守的支配層をさす言葉として使われてきたが、段々、アメリカ社会の実体と一致しなくなってきているといわれている。

第2章
脱構築とプラグマティズム

1 アメリカ政治思想における「自由」と「共同体」

ロールズの「リベラリズム」

現代アメリカの政治思想で主流と見做されているのは、「リベラリズム」と呼ばれる潮流であろう。現在の日本で「リベラリズム＝自由主義」と言う時、我々はどうしても、新自由主義、市場中心主義、規制緩和、自己責任、グローバリズム……といった経済的な自由を最重視して、小さい政府を実現しようとするレーガン＝サッチャー流の――ナショナリスティックなニュアンスを含んだ――やり方を連想しがちだが、少なくとも八〇年代までのアメリカの政治で一般に「リベラリズム」と呼ばれていたものは、それとはむしろ対極の考え方であった。具体的には、主に民主党左派系の人々が推進していた、積極的な福祉・社会政策や、アファーマティヴ・アクション（積極的是正措置）などによって社会的弱者の権利を擁護し、地位を向上させていこうとする立場を指す。アカデミックな政治思想や倫理学で「リベラリズム」と呼ばれているのは、むしろ後者の方と連動している。ただし、この意味での「リベラリズム」思想も、全く「市場」と関係ない思想であるわけではない。アメリカは独立以来、ヨーロッパ社会の伝統的なしがらみから解放された諸個人の自由な開拓精神を建国の柱にしてきたので、市場での諸個人の自由な競争に、国や公共機関が制約を加えないというのは大前提になっている。社会主義や共産主義は思想としてはほとんど定着していない。

しかしそのように諸個人の「自由」な連帯を大前提に成立しているアメリカも、一九六〇年代になって、黒人を中心とするマイノリティの公民権運動、女性解放運動、ヴェトナム反戦運動などの盛り上がりの中で、「自由な共和国」という根本原則に疑問が投げかけられるようになった。原則的に「自由」な体制の下にありながら、どのように努力しても競争に勝てない立場に置かれている「弱者」あるいは「マイノリティー」の存在がクローズアップされたわけである。「リベラリズム」思想にとっての最大の課題は、こうした社会の主流派にとっての〝自由〟からはみ出している人たちを、もう一度「憲法体制」の理念の中に統合するための新たな理念的枠組みを提供することであった。

リベラリズムの政治・法哲学の最大の理論家として知られるジョン・ロールズは、「自由」という大原則の下でいかにして社会福祉やアファーマティヴ・アクションなどによる富の「再配分」をルール化していくかということに関心を持った。「再配分」による「平等」化を最優先すれば、結局、社会主義になってしまうが、原則なしの中途半端な再配分では、社会的強者、弱者の双方に不満が残るだけである。そうしたジレンマを解決するため、彼はその主著『正義論』（一九七一—矢島欽次監訳、紀伊国屋書店、一九七九）で、有名な「無知のヴェール」の下での「正義の原理」の選択という作業仮説を提案している。「無知のヴェール」というのは、市場を中心とした諸個人の競争関係において、自分がどのような地位を占めているのか瞬間的に見えなくしてしまう仮想の実験装置である。「無知のヴェール」のメリットは、累進税率とか保険、社会福祉制度などを例に取って考えれば分かりやすい。どのような税制が国民全体にとって公正（fair）であるか皆で討論するというケースを仮定してみよう。ほとんどの人は、それまでの経験から自分が一年間にどの程度稼げるのか知っている。自分の稼ぎは他人に比して少ないと予想している人は、累進税率を高くして、金持ちから税金で吸い上げた分を、自分たちに再配分してほしいと思うだろう。それに対して、自分は稼ぎがいいと思っている人であれば、できる限り低い累進税率にして、小さい政府の下での経済活動の最大限の自由を選択するだろう。そうなると、稼ぎがいい人と悪い人の間で、「法」の基盤となる「一般意志」を形成することが不可能になる。しかし、そこで全員に「無知のヴェール」を被せて、お互いの競争能力の優劣が分からなくなったとしたら、どうだろうか。

自分が全体の中でどの程度の能力を有しているのか全く見当が付かなかったら、ほとんどの人は不安になる。恐らく、自分が一番競争力のない弱者であれば、どうなるか想像したうえで、弱者にやさしい再配分のルールを考えることだろう。その際に、あまりにも累進税率を高めて社会主義に近い制度にすれば、（自分以外の）強者たちの勤労意欲がなくなったり、国外に逃げ出すことになるので、結果的に再配分すべき社会的富の絶対量が減少するということも当然考慮に入れるだろう。ある程度の格差は容認せざるを得ないことを、弱者の視点から納得するわけである（＝格差原理）。このように「無知のヴェール」の下にある自分を想像すれば、たとえ自分のことしか考えられないジコチューの人間であっても、社会的な「公正」についてある程度客観的に省察することが可能になるわけである。ロールズの「正義」論は、形而上学的な正義を抽象的に設定するのではなく、市場でのフェア・プレーの規則をお互いにじっくりと考えるよう仕向けるという意味で、「公正としての正義 justice as fairness」と呼ばれる。ロールズの「公正としての正義」論の最もコンパクトな解説書としては、川本隆史の『ロールズ—正義の原理』（講談社、一九九七年）を挙げておこう。

無論、現実には「無知のヴェール」は存在せず、我々は皆自分の社会的能力についてある程度の知識を持っているので、ロールズの議論はやはり形而上学だと思う人は多い。しかし経済学者の広井良典（『日本の社会保障』岩波新書、一九九九年）のように、社会保険制度では現実に、「無知のヴェール」的な発想が生かされていると指摘する論者もいる。保険制度というのは、自分が将来病気や怪我で働けなくなって「社会的弱者」になる「リスク」を予測したうえで、その際の経済的ダメージを最小限にするため、リスク率から見て妥当と思われるかけ金を〝あらかじめ〟支払っておく仕組みである。実際にそうした不慮の事態に遭遇しなければ、結果的に、自分自身はかけ金を損して「弱者」のために負担したことになるわけだが、それでも多くの人は、リスク・ヘッジ（回避）すべく保険に加入する。自己中心的なリスク・ヘッジという目的から、社会保障制度の一部ができあがっているわけである。年金もこの発想の延長線上で考えることができるし、労働組合による労働者の権利擁護運動にも、そうした側面がある。

ロールズの議論は、そうした福祉を中心とする現存の社会的「再配分」の仕組みを、アメリカ社会にとって最大の価値である「自由」と整合性のある形で説明する試みと考えれば、非常に分かりやすい。

リバタリアニズム

ロールズは福祉国家による「再配分」を、リスク回避的な視点から正当化しようとしたわけだが、どこまでも純粋に「自由」を追求しようとするアメリカ的哲学者の中には、当然、ある程度のリスクを背負うことになったとしても、国家のパターナリズム(父権的後見主義)的な介入は受けたくない、という人たちもいる。ロールズ流の福祉・再配分志向のリベラリズムと一線を画して、国家や共同体による干渉からの可能な限りの「自由」を求める立場は、「リバタリアニズム(自由至上主義)」と呼ばれる。

リバタリアンの最も代表的な論客は、ハーバード大学でロールズの同僚であったロバート・ノージック(一九三八—二〇〇二)である。『正義論』の三年後に刊行された主要著作『アナーキー・国家・ユートピア』(一九七四—嶋津格訳、木鐸社、一九九二)でノージックは、いかなる政府も存在しない自然状態を想定したうえで、そこで各人が自由な活動を通して正当な手段によって獲得するであろう様々な(生命・身体を含む)基本的財＝権原(entitlement)をどのように保護するかという点に絞って議論を展開する。「権原」という用語はやや抽象的で分かりにくそうだが、「権利 right」が一定の法的・政治秩序の中での相互承認を経て初めて成立するのに対し、「権原」はそれに先行する形で、各人が〝自然に〟所有し、享受しているものと考えればいいだろう。

ノージックは、ホッブズ的なアナーキーな自然状態の中で、各人が「権原」を保持していくには、どのような仕組みが最も合理的か、段階を追って綿密に検討していく。諸個人がまったくばらばらのまま、何の取り決めもないのでは、万人の万人に対する闘争によって、原初的な「権原」を失う恐れがあるので、人々は任意加盟の「権利保護協会」のようなものを結成し、（協会の内部で承認された）「権利」として保護していこうとするのではないかと考えられる。しかし、任意加盟の協会が互いに何の連絡もなく併存しているとすれば、保護協会Ａに属しているａと、保護協会Ｂに属しているｂの間で、「権利」をめぐる対立が起こった場合、Ａによってｂの（Ｂの内部で認められている）〝権利〟が〝侵害〟され、逆にＢによってａの（Ａの内部で認められている）〝権利〟が〝侵害〟されるという事態が起こってくる可能性もある。

こうした事態を回避すべく、それぞれの協会が相互調整しながら、より安全な「権利」保護の枠組みを模索する内に、「最小限国家」が出来上がってくるまでの道筋をノージックは思考実験として描き出す。彼は、私的な「権利保護協会」では、諸個人の自由な活動を保証するのに不十分であるので、「権利」関係を制御するための「最小限国家」は必要であるが、諸個人が得た財を「再配分」する機能まで備えた「大きな国家」は、自由の侵害に当たり、正当化され得ないという立場を取る。「最小限国家」は、個人から個人へと「権原」を移転する際の「手続き」を整備し、それが実行されるよう監

ロバート・ノージック

視することに役割を限定すべきだというのである。正統な手続きによる「権原」の移転を保証することこそが国家が実現すべき「正義」であって、「結果における平等」まで目指すべきではないのである。

こうした「最小限国家」的な発想は、一見すると、レーガン＝サッチャー的な新保守主義の文脈で提唱される「小さな政府」論と同じもののようにも思えるが、その背景にある基本的考えはかなり異なる。デイヴィッド・ボウツが『リバータリアニズム入門』（一九九七―副島隆彦訳、洋泉社、一九九八）で適切に図式化しているように、共和党に代表される保守派が、経済面では個人の自由を尊重すべく基本的に（自由競争がなされる）「市場」の自生的秩序に委ねようとする一方で、治安・警察や軍事面ではむしろ国家の役割を強化し、（プライバシー等の）人格的自由は制約しようとする傾向があるのに対し、リバタリアンは、経済的自由と人格的自由の双方を尊重すべきだと主張する。「無限の正義」の名の下での他文明・文化に属する国家・地域への啓蒙・警察活動や、「セキュリティー」の名の下での（当局による）個人情報保護や治安体制強化は、リバタリアンとはむしろ対極の発想である。ノージック自身がそうであるように、リバタリアンの中には、保守というよりも、アナーキズム的な左派に近い発想をする人も多い。特定のイデオロギーや体制に寄り掛かることなく、個人主義に徹して生きようとする、七〇年代以降登場してきた新しいタイプのアメリカ市民のライフ・スタイルを反映していると見ることができよう。

法哲学者の森村進が『自由はどこまで可能か―リバタリアニズム入門』（講談社現代新書、二〇〇二）で指摘しているように、リバタリアニズムには様々な潮流や主張があるが、それら全ての中核にあるのは「自己所有権」テーゼだと言うことができる。「自己所有権」とは、簡単に言えば、自らの「身体」や「人格」を自由に処分できる権利である。最も典型的なのは、倫理学でかなり昔から議論されてきた自分自身を奴隷に売ることのできる自由や、近年話題になっている自己の臓器を売買する自由、安楽死する自由などである。売春する自由、愛人契約する自由、（他人に迷惑をかけない範囲で）麻薬や毒物などを吸引する自由なども含まれる。

リバタリアンは、「身体」や「人格」は、自分の最も基本的な「権原」なので、基本的に本人の「自由」であるという立場を取る。それが、社会的に非道徳的に見えたとしても、国家や共同体がパターナリスティックに干渉する謂れはないというのである。通常の意味の「保守派」であれば、臓器売買や「性の商品化」のような伝統的なキリスト教的価値観に反する、自己処分権には反対するが、リバタリアニズムにはそうしたタブーはなく、原理的には、「自己」に属するあらゆるものを自己責任で「市場」に出すことができる。日本では数年前に、援助交際をしたり、ブルセラに通ったりする女子中高生たちのことが社会的問題になり、宮台真司が彼女たちの身体的「自己所有権」を擁護する議論を展開したが、その意味では彼は日本版のリバタリアンということになるだろう――彼自身は最近は、「リベラリスト」を名乗っているが。

周囲からの干渉を可能な限り排除して自由に生きることの代償として、国家による最低限の保障や平等も求めないのが、リバタリアンの生き方である。

コミュニタリアニズム

リバタリアニズムが「自己所有権」を前面に打ち出すのに対し、自己の「人格」や「身体」は、家族や地域共同体、コミュニティーなどの「関係性」の中で形成されてくるものなので、「自分だけのものではない」し、「自分だけで処分できるわけでもない」と主張するのがコミュニタリアニズム（共同体主義）である。コミュニタリアニズムは、〝自己〟というのは、「私」（自我）の内で自立的・自己完結的に成立しているわけではなく、共同体的な関係の中で生成されているという立場である。従って、個人の自由を起点にしてあらゆる正義のルールを導き出すことなど不可能であり、たとえ自己決定したつもりになっても、その〝自己〟の中に既に共同体が入っている。日本人には日本人的な自己が、アメリカ人にはアメリカ人的な自己があるということである。

コミュニタリアンと呼ばれる人々は、リバタリアンにやや遅れて、八〇年代初頭頃――レーガン政権の発足が八一年である――から、やはり主流派「リベラリズム」に対抗する形で、自己の立場を打ち出すようになる。代表的なコミュニタリアンと見なされるマイケル・J・サンデル（一九五三―　）は、八二年に出した主著『自由主義と正義の限界』（菊池理夫訳、三嶺書房、一九九二年）で、「リベラリズム」が想定している〝自己〟は、単に所有の主体として抽象的にイメージされているだけで、人柄や友情、連帯といった道徳的経験が反映されていないとして批判する。「無知のヴェール」の下に置かれた抽象的な〝自己〟には、規範的な判断をするための様々な背景が欠けているというのである。サンデルは、リベラリズムの「負荷なき自己 unencumbered self」像に代わって、共同体の中で「位置付けられた自己 situated self」像を提案する。サンデルは、各人が属する共同体の「共通善」を志向する「位置付けられた自己」を起点として、個人主義的な風潮によって弱体化しつつある「公共性」「市民的共和制」の精神を復興しようとする。サンデルに近いとされるA・マッキンタイアは、八一年に出した『美徳なき時代』（篠崎栄訳、みすず書房、一九八四）で、各人の「自己」は、そのアイデンティティの基盤になっているコミュニティの中で語り伝えられている「物語」から切り離して考えることはできないとして、「物語的存在」としての「自己」像を提起している。道徳的なカオス状態になっている現代にあっては、伝統的な語りの中に見出される「善き生」や「徳」の概念に適切に応答する——必ずしもそれらを無条件に受け入れるということではないが——ことによってのみ、「私」は道徳的判断主体たり得るのである。

サンデルやマッキンタイアが、伝統的な「共同体」への帰属性を強調し、保守主義の側に引っ張られやすい傾向を示しているのに対し、むしろ〝共同体〟概念を批判的に利用することで、市場の「公正」に還元する形で「正義」の問題を考えようとする「リベラリズム」の一面的な論理に修正を加えようとする左派的なタイプのコミュニタリアニズムもある。左派コミュニタリアンの代表格が、最近、「正義の戦争」をめぐって積極的に発言しているマイケル・ウォルツァー（一九三八— ）である。

一九八三年に刊行された『正義の領分—多元性と平等の擁護』（山口晃訳、而立書房、一九九九）でウォルツァーは、（リベラリズムで言うところの）「配分的正義」の対象にされるべき様々な「社会的財」が広範に存在していることを認めたうえで、それらの財の在り方は、政治、信仰、公職、家庭生活といった各「領域」ごとに異なっており、「市場」もその一つにすぎない。それぞれの領域ごとに「共同体」的な文脈が歴史的に形成されており、社会的財の配分も現実にはそうした文脈に即して行われている。そうした他の共同体的文脈を無視して、全てを市場での価値に換算して割り切るわけにはいかない。ウォルツァーは、各領域ごとの「社会的財」の在り方の違いを考慮に入れた自らの「平等」概念を、「複合的平等」と呼んでいる。

ウォルツァーの「複合的平等」論は、少し前に日本で盛り上がった、専業主婦に対する「配偶者特別控除」廃止論争を例に取って考えれば、分かりやすいだろう。「市場」という「領域」でのフェア・プレーの達成を唯一の基準に考えれば、特別控除を廃止する方が理に適っている。しかし、「家族」という領域において伝統的に形成されてきた〝妻〟や〝母〟のイメージ、「職場」という領域への女性の進出度のバラツキ、「学校」や「地域コミュニティー」という領域において主婦が担うべきとされている役割……等といった各領域ごとの文脈を考慮に入れれば、特別控除廃止がきっかけで、かえって「不公正」な目に遭う人が出てくることが考えられる。だからこそ、議論がなかなかまとまらなかったのである。無論特別控除の廃止を主張した人たちは、廃止を通して、「市場」という限定された領域だけでなく、あらゆる領域におけるジェンダー的「正義」を実現することを目指したわけだが、「市場」での「正義」を他の領域に〝いきなり〟当てはめようとすれば、歪みを大きくする恐れがある。そうした「領域」ごとの共同体的文脈を調整する「複合的平等」概念が必要になってくるのである。

アメリカのコミュニタリアンの多くは、アメリカ社会のマジョリティを形成している西欧系の（異性愛）男性なので、彼らが自らの足場にしている「共同体」は、伝統的な白人・キリスト教文化を背景としていることが多いが、中には、「他の共同体」との共存を視野に入れている論者もいる。コミュニタリアニズムが自民族中心主義、排外主義に繋がるわけではないのである。「多文化主義的コミュニタリアニズム」として最も著名なのが、ヘーゲル哲学研究者としても知られるチャールズ・テイラー（一九三一―　）である。

フランス系住民が多数を占めるケベック州を抱えるカナダ出身のテイラーは、ウォルツァーやハーバマスとの共著である『マルチカルチュラリズム』（一九九四―佐々木毅・辻康夫・向山恭一訳、岩波書店、一九九四）の中で、ケベック問題を素材としながら、多文化主義（マルチカルチュラリズム）を法・政治体制に組み込んだ多元的な国家のモデルを提示している。彼は、近代人のアイデンティティ形成において言語共同体との繋がりが本質的な意味を持つという前提に立ちながら、様々な言語、文化、エスニシティを含む国家の統合性を保っていくには、他者（＝他の共同体の構成員）同士の間での「差異の承認」によって、各人のアイデンティティ的基盤となる特定の「集団的目標」の追求を可能にすることが不可欠であると主張する。多元的な国家の市民は、もっぱら「共同体」との同一化を介して「国民」となっているのであり、バラバラの個人として社会契約を結んでいるわけではない。国家は単に個人間の「平等」を保証するだけではなく、共同体間の集団的差異を「承認」したうえで、例えばアフリカ系、ラテン・アメリカ系、イスラムといった特定の文化「共同体」構成員としてのアイデンティティ形成を――マジョリティ集団から妨害されることなく――追求していくうえでの〝平等〟をも制度的に保証しなければならないのである。

プラグマティズム的な文脈主義

リバタリアニズムとコミュニタリアニズムは、「個人／共同体」という軸においては正反対の立場であるが、ロールズ流の「リベラリズム」の中心にある「普遍的に合理的な人間」観に対して異議申し立てしている点は共通している。この二つの陣営に属する人にとっては、そうした極めて近代的な人間観は、非現実的に見えてしまうわけである。ロールズ自身も、「無知のヴェール」の下で、万人の合意を取り付けようとする『正義論』の当初の構想からその後かなり〝後退〟し、現実対応的になったと言われている。万人に対して当てはまる普遍主義的な「正義」の原理を打ち立てようとする大理論的な発想は、そもそも価値観やライフスタイル、アイデンティティが分散化している現代のアメリカ社会の現状に合わなくなっているのかもしれない。

そこで広義の〝リベラル派〟の中には、社会的強者と弱者の間の分裂を回避して社会的「連帯」を保持していこうとするロールズ正義論の出発点は維持しながら、普遍的な人間観の部分は捨象して、「合意」が何とか成立しそうな狭い文脈に限定して、〝プラグマティックに〟問題を解決しようとする人たちもいる。無理に、一つの「問題」に対して成功した解決策を、標準モデル化して、他の〝似たような（しかし、よく見ると結構異質な）〟ケースにまで普遍的に拡大適用する必要はないという立場である。先に挙げたウォルツァーも、そうしたより柔軟な意味での「リベラリスト」と考えることはできる――実際に、彼を「リベラリスト」に分類している解説者もいる――が、より〝プラグマティック〟な議論を展開している論者として、自らデューイの系譜を引くプラグマティズム的左派を自称しているリチャード・ローティを挙げることができる。

哲学における「言語論的転回」という標語の生みの親としても知られるローティはもともと、英米の分析哲学系言語哲学と、ドイツの解釈学、フランスの言説分析を結ぶような形で、独自の言語哲学を展開する〝純粋哲学者〟と考えられていた。しかし八〇年代に入ってから、自由や連帯といった政治的・実践的テーマについて積極的に発言するようになった。

ローティはコミュニタリアンと同じように、各人のアイデンティティ形成に「解釈共同体」が重要な役割を果たしていることを前提にしているが、彼のイメージしている「共同体」というのは自己完結して他者に対して閉ざされたものではなく、各人の解釈の余地をかなり残している。むしろ各人が、自分の属する「伝統的文脈」を自由に解釈するのに伴って変容していく「開かれた共同体」である。〝一応〟の共通了解はあるが、それが絶対的に不変の「基礎」になっているわけではなく、構成員相互の〝自己〟理解をめぐる討論、あるいは、外部からやって来る「他者」との遭遇によって、その目的や境界線までも含めて、いくらでも変容し得るものである。普遍的な合理性にせよ、エスニック・アイデンティティにせよ、共同体の在り方をしばってしまうような「基礎付けfoundation」は絶対的に拒否して、その時々の情勢に対処しうるリベラルな連帯をローティは目指したわけである。

ローティに言わせれば、ロールズ流の〝普遍的〟正義論もまた、実は、アメリカのリベラル左派の伝統的文脈の中で可能になったのであって、全くの無の中から「正義」概念が突然現れてきたわけではない。無理に〝普遍的なふり〟をしないで、リベラリズムの中に不可避的に入り込んでいる共同体的な文脈を率直に認めて、現在可能な範囲での暫定的な「連帯」を目指すという戦略を取る。

彼の政治思想は、それほど体系的な形で展開されているわけではなく、アイロニカルで自由な文体で書かれたエッセイ的なものの中で部分的に提示されている場合が多い――それもローティ自身の戦略の一環かもしれない――が、比較的まとまっているものとしては、『偶然性・アイロニー・連帯―リベラル・ユートピアの可能性』(一九八九―斉藤純一・山岡龍一・大川正彦訳、岩波書店、二〇〇〇)、『リベラル・ユートピアという希望』(一九九九―須藤訓任・渡辺啓真訳、岩波書店、二〇〇二)がある。また、革命の形而上学にこだわるマルクス主義的左派や、文化的『差異』にだけ拘り経済的な現実に切り込めない「文化左翼」の双方を批判して、デューイに連なる「プラグマティズム的左派」の伝統を復権させるべきことを提唱している『アメリカ未完のプロジェクト―二〇世紀アメリカにおける左翼思想』(一九九八―小澤照彦訳、晃洋書房、二〇〇〇)は、彼のユニークな思考法がはっきり出ていて、非常に読み応えがある。

(二〇〇二年七月)

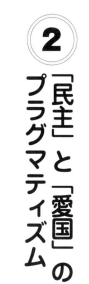

2 「民主」と「愛国」のプラグマティズム

反デカルト主義の解釈学

もとは〝普通の哲学者〟であったリチャード・ローティを、〝政治・社会〟的にも有名にしたのは、『哲学と自然の鏡』(一九七九)である。この著作でローティは、デカルト以降の西欧近代哲学は、「自然の鏡」としての「心」を実体的に想定し、この「心」の中のプロセスを正確に記述することを目指してきたという哲学史的な議論を展開している。近代哲学は、その「鏡」を〝理論〟的に再構成すること(=認識論)に拘り、それを自らに固有の使命と見做してきた、というのである。

何故、「自然」そのものではなく、自然の「鏡」に拘るのかといえば、「神」という超越論的な視点に依拠することによって、自然と人間自身を含めて「存在」するもの〝全て〟を把握できるという前提に立っていた中世の存在論的哲学とは違って、近代哲学は、デカルトが発見した「考える私=自我」以外には、確実な「知」の根拠を持たないからである。自然界における個々の「現象」を「客観的」に探求するのは、「哲学」から分離して、物理学、化学、生物学……といった個別領域へと専門分化していった「自然科学」の仕事であって、もはや哲学の役目ではない。哲学に固有の領分があるとすれば、それぞれの領域ごとの「現象」の背後に潜む「自然の本質」——カントの用語で言えば、「物」それ自体——の探求ということになるだろうが、「私」の意識の外部に存在する「物」の「本質」についていくら「考えた」ところで、〝本当のこと〟(=真理)は分からない。「本質」を把握できるのは、神だけだからである。自分自身の意識の〝内〟に閉じこめられている「私」には、〝究極的な真理〟が分からない——ということが分かっている——のにいつまでも、それについて考え続けるのは、無意味である。

そこで、カント以降の近代哲学は、〝意識の外部の「物自体」を正確に把握する〟という課題は基本的に放棄したうえで、〝「私が物をどう認識しているか」を正確に把握する〟という新たな課題へとシフトした。「私は私自身のことは確実に知っている」というデカルト主義的な前提に立てば、「自然の鏡=私」のことは正確に分かるはずである。当然のことながら、「鏡」がどのようなメカニズムになっているかについては、論者によってかなり異なった理解の仕方があるわけだが、認識論的パラダイムの哲学は、「それは個々の〝私〟の鏡が曇っているからにすぎない」と考える。曇ってさえいなければ、〝本来の私〟である透明な「鏡」が現われてくるわけである。従って近代哲学は、「曇っていない鏡」を求めて、延々と自己の「内」を探求し続けることになる。

無論、我々の「心」というのは、そのような正確な「鏡」ではなく、最初から歪んでいて、正確になりようがないのではないか、あるいは、そもそも、統一的な実体としての〝心〟というものが存在しているのか、などと根本的なところで疑い始めたら、こうした近代哲学の歩みは全て「無意

リチャード・ローティ

味」になってしまう。マルクス、ニーチェ、フロイトなどの「思想」は、そうした根本的な疑いを提起し、「自然の鏡＝私の意識」の完全無欠性に拘る近代哲学を嘲笑したが、哲学の主流は、「鏡」の幻想に囚われて堂堂巡りし続けた。ある時期までローティ自身もその一員であると思われていた英米の分析哲学は、「自然」を正確に写す「心」ではなく、「自然」を正確に記述する「言語」を探求するようになったが、ローティに言わせれば、これも「鏡」の哲学の変種にすぎない。結局、「自然を正確に映し出す言語」が成立する〝場〟としての「心」を前提にしているからである。

　そのように、「自然＝物質＝外部／心＝意識＝内部」をはっきり分けたうえで、「前者」から「後者」がどのように見えるかという「代理表象 representation」の問題に拘るこれまでの哲学の在り方を、ローティは拒絶する。そのうえで、「哲学」は自らの土台、つまり知の確実性の根拠を（「私」の意識とは独立に存在する）「自然」ではなく、（「私」と繋がっている）「文化」に求めるべきことを提案する。その場合の「文化」というのは、人類全体にとっての〝普遍的な文明〟のように抽象的なものではなく、各人の生活が根ざしている、具体的・歴史的に形成されてきた個別の文化である。「自然」を鏡のように反映する「心」を実体的に捉えるのではなく、自らが生まれ育った文化を中心とする様々な文脈の中で日々形成され、組み替えられている〝私たち〟の在り方を基準としながら、私たちの周囲に見出される「事物」の意味を探求する新しい哲学の在り方をローティは、「解釈学 hermeneutics」と呼んでいる。

「解釈学」は、もともとドイツ・ロマン派の精神科学の伝統の中で生まれてきた文化「理解」の方法論である。解釈学を体系化したディルタイ（一八三三―一九一一）によれば、自然科学が、客観的な事実を「説明 explain」するのに対し、精神科学は、歴史的・文化的に形成された文脈の中で、対象となる事物が持つ意味を「理解 understand」しようとする。簡単に言えば、精神科学の領域では、私が属する文化的な「文脈」抜きに、〝自然〟や（それを写す鏡である）〝心〟の本質を探求してもしょうがないと認める態度である。例えば、生物学は、「生命」とはどのように機能するものか客観的に定義し、説明することを試みるが、哲学が〝生命〟とは何かその本質を規定しようとしても、明確な答えが出るはずはない。ただし、日本文化とか英米文化といった特定の「文脈」の中で、「生命」がどのように「理解」されているかという問いであれば、それなりに有意味な答えが出せる。ローティは、『真理と方法』の著者であるハンス＝ゲオルク・ガダマー（一九〇〇―二〇〇二）の議論を援用して、哲学にとっては、（〝私たち〟の意志と関係なく）客観的に成立する「真理」が問題ではなく、むしろ〝私たち〟自身が「伝統」の中でどのように「真理」を作り出すか（＝ポイエシス（創作））が問題になる、という立場を取っている。

このように、「文化」に軸を置く「解釈学」的な立場は、一見すると、「私」の〝主体性〟が「文化的共同体」の内での「アイデンティティー」によって全面的に拘束されていると見なす「共同体主義」と同じもののようにも思えるが、ローティは、全てを各人の出身母体の文化に還元してしまうわけではなく、開かれた「会話」の可能性を強調する。様々な文化的背景を持つ人々の「会話」によって〝私たち〟の判断の基盤になる精神的「伝統」が形成されており、「哲学」はそこで展開されている「会話」を解釈しながら、自らもそこに参加して、積極的に伝統を作り出そうとしていく。そこで哲学が単に世界を「解釈」するだけでなく、実践的な役割を果たす余地が出てくるわけである。

このように、社会的な「会話」に積極的に参加しようとするローティの哲学には、知のプロとしての「哲学者」の特権化された地位はない。参加者という資格においては、他の人々と全く同等である。異なる点があるとすれば、その「会話」を〝分析〟する営みに従事し、意識的に誘導しようとしているか否かということだろう。

哲学者は他の誰もがよくは知らないことを知識に関して知っている、と考えるのを止めることは、彼の声が常に会話の他の参加者たちの耳目を奪うだけの圧倒的権利をもつ、と考えるのを止めることである。それはまた、「哲学的方法」や「哲学的技法」や「哲学的観点」と呼ばれるようなものが存在し、そのおかげで職業的哲学者は、〈職権上〉例えば精神分析学の高潔さや、ある種の疑わしい法律の正統性や、道徳的ディレンマの解決や、歴史記述や文芸批評の諸学派の「健全さ」などに関して興味をそそる見解を示すことができるのだ、と考えるのを止めることである。確かに哲学者は、しばしば実際にこうした問題に関して、興味ある見解を示すことがあり、彼らの哲学者としての職業的訓練は、しばしばそのような見解を示すための必要条件になっている。しかし、このことは、そうした問題に関連した主張を引き出すための根拠として、知識（あるいは他の何か）に関する特別な種類の知識を哲学者はもっている、と言っている

わけではない。（野家啓一監訳『哲学と自然の鏡』、産業図書、一九九三年、四五三頁）

ローティは、（「自然の鏡」のことを心得ており、そのおかげで歴史家や文芸批評家よりもよく〝分かっている〟）超越論的な「判定者」の位置に自らを置こうとしてきた「哲学」を、「会話」の参加者にまで引き下げることを提案する。哲学を〝民主化〟したわけである。

リベラリズムのプラグマティズム化

自然科学の場合のような絶対的「真理」を前提にすること（＝「基礎付け主義」）を拒絶するローティは、その立場から自らの政治哲学を展開する。彼は基本的にリベラリストを自称し、諸個人の「自由」を重視するが、典型的なリベラリズム哲学、例えばカント主義のように、「人間の本質」としての「自由」を何の曖昧さも残さないよう明晰に定義して、そこから全ての「正義」の原理を導き出すようなやり方は、基礎付け主義もしくは絶対主義であるとして斥ける。同様に、「共同体」の規範を絶対視する「共同体主義」からも距離を取る。「自由」のイメージ自体が、文化の中での「会話」を通して生成してくるものである以上、これを絶対的不変の概念として固定化するのは無意味である。むしろ、そのように「自由」を絶対的に定義してしまえば、〝自由〟自体に反するし、「哲学」を民主主義的な「会話」よりも、優位に置くことになる。「自由」が何を意味するかの判定は、「自由な会話」に委ねるしかない。

そうすると、「自由とはこういうものだ！」、とはっきりと断言するのを避けながら、〝自由に論議できる状態〟を模索する、という何のことだかよく分からない曖昧な話になってくる。厳密な基礎付けを求める伝統的な西欧哲学であれば、このような曖昧さは〝絶対〟許容できない。ローティは、「自由」概念をオープンにしたまま、自由について「会話」し続ける〝自由〟なタイプのリベラリズムの原型を、ジョン・デューイ（一八五九―一九五二）のプラグマティズムに求める。一般的にデューイは、「哲学者」ということになっているが、ローティの理解によれば、彼のプラグマティズムは、「哲学的人間学」のようなものは必要としない。客観的な真理は前提にせず、取り敢えず何かの仮説を立てて、実験的にやってみて、その結果によって仮説を修正していけばよい。建国の父ジェファソンによって開拓されたアメリカの「自由」の精神は、デューイの〝プラグマティズム〟哲学に最もよく継承されているというのである。

ジェファーソンとデューイは、どちらも、アメリカを一つの「実験」と考えた。もしその実験が失敗すれば、われわれの子孫は大切なことを学ぶであろう。だが、その場合、彼らは宗教的真理を学ぶわけではない。それと同じように、彼らは哲学的真理を学ぶわけでもない。彼らは、次の実験を行なうときに何に注意しなければならないかということについて、ヒントを得るだけである。民主主義革命の時代から存続しているものがほかにないとしても、〈社会制度は普遍的・非歴史的秩序を具体化しようとする試みではなく、むしろ共同で行なう実験と見なしうるものだ〉ということは、彼らの記憶するところとなるであろう。この記憶が持つに値しないということは、信じ難いことである。（冨田恭彦訳「哲学に対する民主主義の優先」：『連帯と自由の哲学』岩波書店、一九八八年、二〇〇頁）

ローティがデューイを評価しているのは、アメリカという〝共同体の伝統〟の本質が、継続する「共同の実験」にあることを〝的確〟に見抜いていたからである。別の言い方をすれば、ジェファソン＝デューイ＝ローティにとっての「アメリカ」というのは、〝自分たちはそもそも何者なのか〟という問いに答えを与えるべく「実験を続ける人達」の集合体ということになる。〝哲学的〟に表現すれば、〝何を中心に集まっているのか自分たちでも分からない〟からこそ「それが分かるようになるために集まっている」という逆説的な存在なのである。ヨーロッパの〝伝統的〟な解釈学であれば、「実験によって得られた知が共同体の中に歴史的に蓄積されている」と考えるところだが、ローティの「アメリカ」は、そうした「実験によって蓄積されてきた知」自体が誤っていたことがその後の「実験」によって判明するかもしれない可能性をも見込んでいる。それでも敢えて「実験」し続けようとする、徹底的に実験への意志に貫かれた「共同体」なのである。

ジェファソン

当然のことながら、そのような「アメリカ」の在り方について会話するデューイやローティたち自身も、アメリカという壮大な「実験共同体」の一部である。彼らの主張自体が、「実験」として失敗することになるかもしれない。「哲学」している〝自分〟自身の存在が、失敗した「実験」の産物かもしれないことを覚悟しながら、「哲学」的な「会話」を継続していこうというのであるから、かなりラディカルなプラグマティズムであると言える。見方によっては、アナーキズムと紙一重のところにある。

ローティは、そうした自らのプラグマティズム的な解釈学の同志として、リベラリズム政治哲学の巨匠であるロールズ（一九二一―二〇〇二）を指名している。「文化」を（暫定的な）足掛かりとしながら、（開かれた）「解釈」を通して〝自己〟の在り方を理解しようとするローティの態度は、アメリカの思想界では八〇年代後半まで、むしろ（ロールズの対極にある）サンデルやマッキンタイヤーなどの保守的な「共同体主義」に近いもの、あるいはそれをソフトにしたものと見なされがちであった。しかしローティに言わせれば、「共同体」にとっての「善」を本質主義的に規定することを避けながら、道徳抜きに「公正としての正義」論を展開するロールズは、ジェファソンやデューイの精神を共有している。「現存する民主社会の構成員が肯定する善の観念には、相矛盾し、共約不可能でさえあるようなものが複数ありうる」ことを認めるロールズの立場は、ジェファソンの宗教的寛容を敷衍したものである、という。特定の宗教的・文化的・哲学的な「人間」観に基づく「善」の観念を極力避けようとする姿勢こそが、「実験共同体」を継続させる原動力になるのである。

ロールズは、カントに反対するヘーゲルやデューイに心から同意することができるし、〈自分自身を伝統と歴史から解放しようとする――《自然》や《理性》に訴えようとする――啓蒙主義の試みは、自己欺瞞であった〉と言うこともできる。彼の目からすれば《自然》や《理性》

に訴えようとするのは、神学にできなかったことを哲学に行なわせようとする、誤った試みである。ロールズは自分の努力を、「哲学的に言えば表面にとどまろうとする」ものと言っているが、この努力は、神学を避けようとしたジェファーソンの努力をもう一歩進めるものと見ることができる。（「哲学に対する民主主義の優先」、一七五頁）

ローティがロールズの内に見ようとする「哲学的に言えば表面にとどまろうとする」態度こそ、プラグマティズムの強みである。〝深い世界観〟に入り込まないで、「表面的」にとどまり続けるからこそ、前代未聞の「実験」に向けて、様々の背景を持つ人々を統合することができるのだ。マルクス主義的左翼の人たちがよく口にする「プラグマティズムは軽くて表面的だ」という非難は、実は褒め言葉なのである。

「文化左翼」から「アメリカ的左翼」へ

「特定の価値観に囚われない寛容な共同体であること」を売りにする「アメリカ」肯定論は、別にローティの専売特許ではなく、多くのアメリカ人や、親米派の人がしょっちゅう口にしていることだ。ローティのプラグマティズムは、それを〝哲学〟的な文脈の中で、理論的に徹底させたものと見るべきだろう。その意味で、ローティの議論も通俗的なアメリカ肯定論と同じ危険を抱えているように思われる。それは、「自由の王国としてのアメリカの伝統は絶対に守らねばならない！」、という単純に見えて、論理的に屈折したナショナリズムの言動に陥りかねない危うさである。これは、ブッシュやネオコンのレトリックであり、政治学者の藤原帰一が『デモクラシーの帝国』と呼んでいる現象に繋がる。

学生時代にローティから大きな影響を受け、今でも彼を尊敬しているという脱構築系フェミニズム法哲学者ドゥルシラ・コーネルも、「ローティが、〝自由なアメリカ〟を一つの単位であるかのように語っているのには納得がいかない」、と筆者に語ってくれたことがある。ローティ自身も、自分のプラグマティズム的な議論がその〝軽さ〟ゆえに、「デモクラシーの帝国」的な超国家主義の方向に傾く危険を自覚しているふしがある。というよりも、アナーキズム（極左）と「デモクラシーの帝国」（極右）の間で、いずれかの極端にぶれるのを承知で、〝確信犯的に危なくなっている〟ようにさえ思える。その極端さが最も端的に現れているのは、新しいタイプの「左翼」宣言として有名になった『アメリカ：未完のプロジェクト（原題 Achieving Our Country＝わが国を達成する）』（一九九八）である。

この著作でローティは、（ヨーロッパ産の思想である）マルクス主義の影響のもとで形而上学的な問題に拘り続ける「文化左翼 Cultural Left」を批判する一方で、アメリカ本来の左派である「プラグマティズム的左翼」の〝伝統〟を見直すべきことを提唱している。一般的には、労働者階級の立場から資本主義打倒を標榜するマルクス主義と、文化的弱者のアイデンティティを擁護する多文化主義、フェミニズム、ゲイ・レズビアン運動など（文化的）差異のポリティクスは、全く違ったタイプの左翼だと考えられている。しかしローティから見れば、両者とも「形而上学」的である。

マルクス主義者は自分たちを現実主義的であると考えているが、ローティから見れば、〝商品化された資本主義世界のイデオロギーを打破できる使命を担っているのはプロレタリアートだ〟といった類いの彼らの主張は抽象的すぎて、「実験」によって証明することはできない。彼らは〝プロレタリアートが勝利した時に初めて真理が明らかになる〟と言い続けるしかない。証明できないはずの命題を絶対的真理と見做してそれによって「現実の問題」を解決できると信じるのは、形而上学か宗教である。

それと同様に、差異のポリティクスは、ジェンダーや民族の「本質」を動かしようのない絶対的出発点にして、現実によって証明できると否とにかかわらず、決して譲ろうとしない。自分たちの解決策がうまく行かないのは、多数派が「現実」を支配しているからである。例えば、フェミニズムの政治が失敗するのは、現実が男性支配だからである。「実験」という発想がないので、どこまでいっても、自分たちの側に〝真理〟がある。

「アメリカ」には、もともと形而上学的な傾向が強いマルクス主義系の左翼運動はほとんど根付いていなかったが、〝左翼〟がいなかったわけではない。デューイに代表されるような「プラグマティズム的左翼」あるいは「改良主義左翼」の伝統があった。左翼の人々は、「改良主義」は潔くないとステレオタイプのイメージを抱きがちだ、アメリカにおいて、産業労働者の生活を具体的に改善し、黒人の社会的地位を漸進的にでも向上させてきたのは、形而上学的に囚われず、「実験」的にいろいろなことを試みる「改良主義左翼」であった。彼らは、民主党左派等に浸透して、社会的弱者の権利を守る福祉・再配分政策を実現していった。それに対して、観念的なマルクス主義的左翼は、〝現実、現実〟と言うだけで、〝現実〟には何の成果ももたらしていない。

　そうした改良主義左翼の伝統が崩れるきっかけになったのは、六〇年代のヴェトナム反戦運動に際しての「新左翼」の台頭である。（ヨーロッパの）マルクス主義の影響を受けた「新左翼」運動が若者の間に広まることで、とにかく「体制」と直接的に対決しなければならない、という気短な風潮が生まれてきた。「改良」の努力の成果を待っていることができなくなったのである。そうした露骨にマルクス主義的な雰囲気は、七〇年代になって次第に潮が引くように後退していったが、一方で「新左翼」の残党が、大学を拠点に「文化左翼」として活動するようになった。「文化左翼」の多くは、マルクス主義者ではないが、現実を形而上学的な〝真理〟で割り切ろうとする体質は受け継いでいる。

　デューイや詩人ホイットマンの流れを汲むかつての左翼知識人たちが、政治・経済の改良に関心を持っていたのに対し、文学部を基盤にし、フーコーの言説分析や、「カルチュラル・スタディーズ」や「ポスト・コロニアリズム」などの研究に従事する「文化左翼」たちは、文化に根ざした「見えない権力」をめぐる形而上学的論議を延々と続ける。「見えないもの」と見えないところで闘うのだから、勝っているのか負けているのか分からない。このような「文化左翼」的在り方こそが本来の左翼だと錯覚されていたら、アメリカの左翼に未来はない。

　文化〈左翼〉のレトリックは、改良主義的・プラグマティック的レトリックであるよりも、革命的なレトリックのままである。文化〈左翼〉が「後期資本主義」のような用語を無頓着に使用していることから暗示されてくるのは、市場がなくなった場合に価格を設定し、分配を調整するものを考え出すよりも、資本主義の崩壊をただ待っていればよいのだということである。投票に出かける大衆、つまり〈左翼〉が大学から公共の場へ出ていくつもりなら味方にしなければならない大衆は、賢明にも詳細を教えてもらいたがっている。大衆は、市場の影響を受けないようにした後では、ものごとがどのようになっていくのかを知りたがっている。大衆は、参加民主主義がどのように機能することになるのかを知りたがっている。（小澤照彦訳『アメリカ未完のプロジェクト』晃洋書房、二〇〇〇年、一一一―一一二頁）

左翼が訴える相手であるはずの「大衆」が知りたいのは、「革命とは何か？」ではなく、「革命の後に自分の生活がどのようになるか？」であるが、「文化左翼」的な思考の人たちは、それに適切な仕方で答えることができない。そもそも、個別の「問題」に対して、直接的な「答え」を出すという発想が欠けている。グローバリゼーションの影響で文化的少数派の置かれている状況が更に悪化する……といったレベルの話しはできても、破綻しかけている年金制度をどのように維持していくか、といった〝庶民〟が具体的に知りたがっている問いに対しては「そういう庶民の苦しみが分からない支配者は……」というレベルのお茶を濁すような反応しかできない。「究極的な解答」を追求して、そこに理論的に到達できるまでは何も分からないという「文化左翼」的に斜に構えた態度は、いい加減に卒業して、健全なプラグマティズムの伝統に戻るべきだというのである。

ホイットマンとデューイは、希望を知識の代わりにしようとした。二人は、アメリカ人に共有されるユートピアの夢——この上もなく慎み深く洗練された社会の夢——を、〈神の意志〉、〈道徳法則〉、〈歴史の法則〉、〈科学的事実〉といったものの知識の代わりにしようと思った。ホイットマンとデューイの政党、つまり希望の政党は、二〇世紀のアメリカをただの経済的軍事巨人以上のものにしてきた。〈アメリカ左翼〉が存在しなかったならば、それでもなお、私たちアメリカ人は力強く勇敢であったかもしれないが、私たちアメリカ人が善良であるとは誰も言わなかったろう。アメリカにその役割を果たす政治〈左翼〉があるかぎり、私たちアメリカ人は、なおアメリカの完成をめざし、アメリカをホイットマンとデューイの見た夢の国にするチャンスを持っているのである。(『アメリカ 未完のプロジェクト』、一一四—一一五頁)

「民主と愛国」の「外部」

ここまで見てきたように、西欧的な哲学が陥りがちの「形而上学」を排してアメリカに固有の「プラグマティズム的左翼」の〝伝統〟を守っていこうとするローティは、徹底して「民主と愛国」の思想家であると言える。彼の中では、政治的改革を通して祖国アメリカをより民主化していくことと、「左翼」として反権力的姿勢を保つことは矛盾していない。伝統自体を思い切って変えていく〝伝統〟を誇りとするのが、ローティのイメージする「アメリカ(本来)の左翼」である。マルクス主義との——曖昧模糊とした——しがらみゆえに、「愛国」の問題に対して明確な態度を取れなかった日本の左翼には見られない明朗さがある。

自分が語っている「立場」を、「階級利害」とか「アイデンティティ」などの形而上学的・疑似宗教的概念によって絶対化しないで、常に、文化的「会話」に根ざした「解釈」によってオープンにし続けようとするローティの基本的姿勢（＝反基礎付け主義）は、日本の左翼の人々も見習うべきだろう。彼の「会話」は、哲学的真理を志向しているわけではなく、「実験」的な性質のものなので、プラグマティックに方向性を変化させる可能性がある。万人にとっての普遍的な「コミュニケーション的理性」を設定しているせいで、どうしても啓蒙主義的態度になりがちのハーバマスの議論よりも柔軟性がある。

ただし、「アメリカという大いなる実験」と表裏一体のローティの「プラグマティズム」には、先に述べたように、〝デモクラシーの帝国的〟な方向に走ってしまう危険がある。「無限の正義」を奉じるネオ・コンの「帝国」とは違って、ローティの「帝国」には、「自らの実験は失敗だったかもしれない」と認識される余地がある。しかし問題は、「誰にとっての失敗なのか？」ということだ。アメリカのようなグローバルな帝国が、アフガン戦争やイラク戦争のような軍事行動を取る、あるいは、国際通商政策を「実験」的に打ち出すような場合、影響を受けるのは、アメリカ国民自身よりも、むしろ他国の人々である。アメリカにとっては成功であっても、「彼ら」にとっては大失敗かもしれない。「実験」の成否の判断基準は、アメリカの内と外で異なる。〝グローバル〟な実験に関しては、「他者」を無視することはできない。

ローティの「プラグマティズム的左翼」論は、アメリカという「実験共同体」に属さない他者、プラグマティズム的な発想を共有していない相手と、〝実験〟の成果についてどう「会話」したらいいのか、今のところ具体策を持ちあわせていない。「他者」からの反応をも視野に入れながら、「会話」の文脈を「外部」に向かって拡げていく脱構築的な契機を組み込んでいくことが必要になるだろう。無論、あまり〝拡げすぎ〟てしまうと、通常のマルクス主義と同じことになってしまうので、注意が必要だが。

（二〇〇三年一〇月）

3 脱構築の政治――アメリカ左派とデリダ

ローティとデリダのすれ違い

アメリカのネオ・プラグマティズムの旗手リチャード・ローティと、「脱構築」を現代フランス哲学のキーワードにしたジャック・デリダ（一九三〇―二〇〇四）は、様々な意味で「比較」の対象にされる。両者の間に〝かなり似ている面〟と共に、〝正反対の面〟があり、それらが現代思想の今後の方向性を決めるであろう重要な論点になっているからである。

〝似ている面〟としては第一に、二人とも、万人が共有する「普遍的合理性」に根ざした「自由な主体性」という近代哲学の大前提を疑ってかかり、それを――マルクス主義のように「外」側から暴力によって叩き壊そうとするのではなく――「合理性」自体に含まれている〝矛盾〟を露呈することによって、「内」側から突き崩そうとする。「合理性」が〝合理性〟たり得ているのは、（それを合理的と認識する）〝我々〟を取り巻く社会的・歴史的に形成されたルールや慣習等によって支えられているからである。それらの背景に隠れているメカニズムを「前面」に出しながら、何

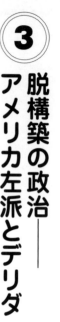

故、その隠れたメカニズムが〝我々の合理性〟の根拠になっているのか、という問いをどこまでも――合理性を〝合理性〟たらしめている〝メタ合理性〟をメタ合理性たらしめているメタ・メタ合理性を〝メタ・メタ合理性〟たらしめている……――追求していけば、「合理性」は、〝合理性〟として機能しなくなる。少なくともその〝普遍性〟の外観は崩壊する。そうした解体作業を、デリダは「脱構築」、ローティは「アイロニー」という手法によって実行する。

そして、そうした内在的な批判の戦略の帰結として、両者とも〝心〟を実体的なものとして扱い、その「内部／外部」の境界線を絶対視する従来的な議論の枠組みを拒絶する。私の〝心〟の〝内〟には、不可避的に周囲の自然的・社会的環境からの影響が入り込んでおり、どこまでが、「私が本当に欲していること」で、どこからが「他者によって言わされていること」か明確な区別はつかない。両者とも〝本当の心〟（あるいは、マルクス主義の場合のように〝本当の物〟）の在り方を探ろうとするこれまでの議論の枠組みを形而上学的なものとして放棄して、むしろ、〝心〟を舞台に展開する「自己」と「他者」の交渉に関心を向ける。簡単に言えば、「私」と「社会」をそれぞれ実体的に規定することではなく、両者の「関係」を批判的に描き出すことが重要なのである。

ジャック・デリダ

また、こうした［外からの批判―内からの批判］［実体→関係］の方向転換に際して、両者とも、不可視の〝心〟を「表象＝再現前化 re-present」するメディア（媒体）としての「言語」の媒介機能に注目する。彼らにとって、言語は、〝主体の意志〟をありのままに映し出す無色透明な通過体などではなく、むしろ、それを通して、様々な社会的力関係が「主体」の内に入り込んでくる、党派性を帯びた媒体である。更に言えば、社会的に通用している言説によって、「主体」が構成されていると見ることもできる。「他者」と同じ言語を語ることによって、〝私〟が「私」たり得ているわけである。例えば、西欧近代的な社会で健全な〝主体〟として振舞おうとすれば、男性／女性、心―観念／体―物質、正常／異常、現実／虚構といった一連の二分法に基づく言語をマスターするしかない。現実／虚構の区別を持たない言語を語れば、「異常者」と見做される。「脱構築」も「アイロニー」も、そうした〝主体〟の言語拘束性を明るみに出して、〝自然な主体〟という神話を解体する戦略である。

これに対して、両者の〝正反対の面〟は、主として、そうした社会性を帯びた言語とどのように付き合うか、ということにある。言語の党派性を暴き出そうとするデリダのメタ言語は、メタ言語としての〝自ら〟が帯びている党派性をも同時に表面化させようとするため、何重にも捻った複雑な文体になっていき、なかなか「彼の言いたいこと」が見えてこない――むしろ、次第に見えなくなっていく。「私、が（本当に）言いたいこと」を、言語を通して忠実に「再現」することの不可能性を、身をもって例証することが、デリダのエクリチュール（書く営み）の〝目的〟であるとさえ言える。安易に「理解されること」を拒んでいるかのように見えるデリダのそれと比べると、ローティのアイロニカルな文体は、それほど難しくない。落ち着いて読めば、彼が「どういう方向にひねくれようとしているのか」はそれなりに理解できる。

ベルギー生まれで、現在英国で活躍している政治哲学者シャンタル・ムフによれば、政治の領域において、そうした両者の資質の違いが、民主制を支える「同意」をめぐる見解の相違として顕在化する。ローティは、普遍的合理性に基づかなくても、社会的な対話実践を通じての〝同意〟が可能であると考える。

ローティにとって政治は「実際的な、短期の改良や妥協の問題である。それは陳腐な身近な言葉で考えるべきものである」。彼の考えでは、人間的幸福の敵は貪欲や怠惰や偽善であって、それらを取り除く方法を理解するには格別鋭い分析が要るわけではない。「われらリベラル」がめざすべきものは、リベラルな制度についての最大限可能な同意を創り出すことである。必要なのは――彼が寛容の強化と苦痛の軽減という言葉で定義する――自由主義を最大化することであり、自由社会を増やすことである。民主政治とはより多くの人々をモラルや会話の「仲間」にするという問題にすぎない。彼が敬愛するジョン・デューイと同様に、社会的葛藤に関するローティの理解には限界がある。それは価値の多元主義の意味を彼が受け入れず、基本的価値の間の対立は決して解決できないことを認めないからである。経済的成長と寛容な態度の発展によって、最終的には調和が達成されると彼は考えている。（青木隆嘉訳『脱構築とプラグマティズム』法政大学出版局、二〇〇二年、一二頁）

（デリダ寄りの）ムフの評価はやや割り引いて受け止めねばならないが、人々の間の〝微妙な差異〟に拘って、なかなか答えを出そうとしない――フーコーやデリダの影響を強く受けている――フランス系の現代思想に苛立っているローティが、分かりやすく、プラグマティックな〝答え〟を示そうとしているのは確かである。無論、彼がプラグマティストである以上、万人が共有する普遍的理性に基づいた確実な「同意」を目指すことはあり得ないが、むしろ、そうした絶対的同意がないと分かっているからこそ、各々の共同体の中で歴史的・文化的に培われてきた知恵に支えられた、取りあえずの〝同意〟を志向していると言える。取りあえずの〝同意〟だから、後で修正すればいいのである。

それに対して、あくまでも〝微妙な差異〟に拘り続け、あらゆる〝同意〟の背後に隠れた社会的力関係を、自らのエクリチュールの中でパフォーマティヴに描き出そうとするのがデリダである。デリダにとっては、〝分かりやすく〟て誰でも受け入れられそうな〝論理〟であるほど、それに合わない「他者」の存在を忘却させ、抑圧してしまう危険を孕んでいるのである。

どういう合意でも暫定的なヘゲモニーの一時的結果として現れること、つまり力が固定化された結果として現れること、そしてそこにはつねに何らかの排除が起こることを認めてはじめて、民主政治を別の仕方でみることができるようになる。脱構築による洞察のおかげで、民主政治の限界の真の本性に気づき、その限界を合理性や道徳のベールで隠そうとするのでなく、限界に示される排除の諸形態を認めうる民主主義的なアプローチこそ、自己満足に陥る危険と戦う力になるのである。(……)民主主義的な空間を閉ざさないためには、正義や合理性に基礎づけられ安定した合意の可能性に頼るのを止めることが極めて重要である。たとえ「無限の課題」

としてであろうとも、そうした合意の可能性を信じることは、調和や和解が民主主義社会の目標であるべきだと主張することにほかならない。そういう目標が実現したとたんに民主主義社会が破壊されることになる以上、そういう主張は言い換えれば、多元的民主主義の理想を「自己矛盾的な理想」に変えてしまうことである。葛藤や対立は多元的民主主義が存在しうる条件なのだから、葛藤や対立は民主主義の究極的達成が不可能であることの条件でもある。（『脱構築とプラグマティズム』、二〇—二一頁）

〝調和や和解〟という外観の下で、多元性が押し殺されてしまうことを危険視するデリダは、〝合意〟から取り残されてしまう他者を「表象」する「微妙な差異」に拘る。例えば、競争力の弱い社会的弱者に対して最低限の生活保障をしながら、国民全体の社会的生産力の成長を鈍化させないような財の再分配の仕組みを国家レベルでうまく考案したとしても、〝国民でない者〟や〝弱者であると認知されていない者〟はそこから取り残される。そうした、〝普遍的な〟「正義」や「合意」から排除されてしまう〝他者〟に対する「公正」について考え抜くことこそが、民主主義の本質と考えているがゆえに、デリダの民主主義は常に、「来るべき＝未来の民主主義」なのである。「微妙な差異」の背後にある暴力性を暴き出しながら、そうした力関係を〝正義〟によって正そうとする自らの〝正義のエクリチュール〟自体が帯びているかもしれない〝暴力性〟をも暗示しようとするデリダのエクリチュールは、発見された「差異」を次第に拡張していくこと（＝「差延」）になるので、なかなか分かりやすい〝解決〟には至らない。むしろ、至ってはならないのである。そうした果てしのない「差異の中の差異の中の差異の中の……」を、綿密に描き出そうとするデリダのやり方に、ローティは苛立つ。さっさと〝暫定的合意〟の中身を提示して、ダメなら、修正すればいいのではないかと、プラグマティスト・ローティは考える。彼は、デリダのエクリチュールは政治思想に寄与することがない、ロマン主義的なものだとしたうえで、〝シンプルな政治〟を提案する。

思うに政治は実際的な、短期の改良や妥協の問題である、——民主主義社会における妥協は、われわれが現前の形而上学を克服するとき使う言葉と比べれば、はるかにわかり易い言葉で提案し擁護しなければならない。政治思想の中心をなすものは、こういう改革がいかにして、どういう条件のもとで実現されうるかについての仮説を提示する試みである。急進思想やパトスは私的契機のためにとっておき、他の人々との問題の処理に当たっては、私は改良主義、プラグマティズムをとりたい。(『脱構築とプラグマティズム』三二頁)

〝我々〟を取り巻く「現実」が、〝自然な現実〟などではなく、様々な「力」関係を反映する社会的言説を通して「再・現前・化」されたものであるという認識をデリダとローティは共有しているが、それを「政治」の中で問題にすべきかという点では、両者は全く逆の方向を向いている。無論、ローティ的な〝暫定的な合意〟を提示した〝後〟で、それが隠蔽している可能性のある「差異」に対して脱構築的に注意を向けるという形で、両者のアプローチを組み合わせるという可能性は考えられる――筆者は、そう考えている。しかし、彼ら自身の言説は、少なくとも表面的に見る限り、平行線を辿っている。この平行線が、ある意味で、アメリカの現代思想の「限界」になっているとも言える。

「サバルタン」と脱構築

アメリカの政治思想において、微妙な差異に拘り続けるデリダの戦略の影響を最も強く受けているのは、いわゆる「差異のポリティクス」と呼ばれる潮流である。簡単に言えば、黒人やヒスパニックなどのエスニック・マイノリティや同性愛者などに固有の生き方を「表象」する様々な「差異」に着目し、それらの差異が（アングロサクソン・男性支配の）「市民社会の普遍性」から排除されていくメカニズムを探求する営みである。「差異のポリティクス」に関わる人々の中には、いちど発見された「差異」を実体的に捉えて固定化してしまい、「脱構築」からかけ離れてしまう人も少なからずいるが、「差延」は、この領域における重要なキーワードになっている。

「差異のポリティクス」とデリダを結び付けるきっかけを作ったのは、デリダの初期の主要著作『グラマトロジーについて』（一九六七、一九七六年―英訳）の訳者として知られるガヤトリ・スピヴァック（一九四二― ）の領域横断的な活動である。インドのカルカッタに生まれて、六一年に米国に渡り、（ナチズムへの協力やハイデッガーへの傾倒がしばしば問題視される）ポール・ド・マンの下でポストモダン系の文芸理論を学んだスピヴァックは、もともと〝普通の文学研究者〟であったが、八〇年代に入ってから、デリダを経由して、フェミニズムや第三世界のポスト・コロニアル（植民地後）状況について積極的に発言するようになった。言うまでもなく、彼女自身が女性であり、植民地時代のインドの出身であったことが、デリダと、差異のポリティクス的な領域を繋いで横断的に発言するうえで非常に有利な要因となった。

『グラマトロジーについて』は、デリダのテクストの内でも特に難解なものの一つと見做されているが、このテクストにおける彼の〝政治的意図〟——と思えるもの——は、比較的分かりやすい。デリダは、当時、全盛期にあったレヴィ＝ストロース（一九〇八—二〇〇九）を批判して、彼のエクリチュールの内に、〝未開人〟あるいは〝自然人〟が保持しているとされる「野生の思考」を（再）発見しようとする〝ヨーロッパ的なまなざし〟が潜んでいることを指摘している。サルトルの「ヒューマニズム」を、西洋中心主義として批判し、西洋人が忘れてしまった「野生の思考」の豊かさを呈示する文化人類学者レヴィ＝ストロースは、一般的には、脱西洋的な思想家と思われがちである。しかし、デリダに言わせれば、西欧的な学知に依拠している〝我々の生き生きしていない思考〟と、自然との絆を失っていない〝彼らの生き生きした思考〟を比較・対照する際に、レヴィ＝ストロースが参照している指標は、極めて西欧的なものである。

それは、「文字」である。より詳しく言えば、〝我々〟の〝意識〟の中に「文字（グラム）」として「書き込まれて」いる、制度化された言語である。〝我々〟は「文字」を使って、そのまま放っておけば消え去ってしまう様々な〝生きた体験〟を記録し、語る者の恣意によって左右されることのない客観的「歴史」を形成することができる。「歴史」とは、あらゆる〝体験〟を文字記号を通して

「再・現前化」するシステムである。こうした「（文字によって）書き込まれたものの体系（グラマトロジー）」を確立したことで、〝我々〟は大いなる進歩を成し遂げてきたが、その代償として〝自然〟の「生きた現前性」から遠ざかることになった。我々は、たとえ〝生きた経験〟をしたとしても、次の瞬間には、それを文字によって「表象＝再現前化」してしまう癖を身につけているので、〝生き生きさ〟を保つことができないのである。ルソーの『言語起源論』以来、西欧近代人は、文字に依拠した「表象」システムに取り込まれてしまった我々が失った原始の言語、グラマトロジー化されていないパロール（話し言葉）に憧れを抱いてきた。レヴィ＝ストロースの内にも、そうしたルソー的な思考が根付いている、というのである。

〝野生人〟の世界認識の多様性に憧れるのは、謙虚であるようにも思えるが、レヴィ＝ストロースは、彼らの豊かさの基準を「無文字性」に求めている。西欧的な知の基準である「文字」を欠いているから〝彼らは豊かである〟という判断は、明らかに、西欧産である。別に〝彼ら〟の方が、文字のあるなしを尺度にして、自分たちの世界認識が豊かであるとか貧しいとか考えるわけではない。〝我々〟が勝手にそう思っているだけである。しかも、そうした〝我々〟のまなざしは、例えばルソーの『言語起源論』のような、自然人をめぐるエクリチュールによって構成されたものである。つまり、レヴィ＝ストロースは、「我々のようにグラマトロジーに囚われていない自然人は、豊かな自然を全身で受けとめている」という西欧近代の「書き込み」を、そのまま〝彼ら〟に投影しているわけである。

このような「グラマトロジー」に囚われた〝我々〟から〝彼ら〟に向けられるまなざしの矛盾は、

それ自体としては、無邪気な思い込みにすぎない。しかしその思い込みの「グラマトロジー」性が自覚されないまま、〝一般的な認識〟になってしまうと、〝我々〟の都合のいいように〝彼ら〟を扱おうとする硬直したイデオロギーに転化する恐れがある。例えば、〝アフリカ人は自然人に近いので知的労働は好まず、体を動かすのが好きだ〟、といった思い込みがそれに当たる。レヴィ＝ストロースのような逆の意味での〝文字への拘り〟は、西洋中心主義の強化の方向に働く危険もあるのである。このことは、植民地支配者たちが、「他者」に対して抱いた善意の偏見＝オリエンタリズムに端的に当てはまる。スピヴァックは、そうした「グラマトロジー」的な問題意識から、女性や第三世界をめぐる議論に介入するようになったわけである。

一般的に彼女は、「サバルタン（従属民）」の理論家として知られているが、厳密に言うと、彼女自身は「サバルタン」概念を積極的に使っているわけではなく、むしろこの概念を用いた歴史研究の限界性（＝グラマトロジー性）を指摘するところから、自らの議論を始めている。サバルタンというのは、もともと「ヘゲモニー」論を提唱したイタリアの共産主義者グラムシが、他の階級の行使する文化的ヘゲモニーに従属することを余儀なくされている人々を指す概念として用いていたものであるが、後に、インドなどの第三世界の歴史研究において、「自らの歴史を語る言葉を持たない人々」を意味する一般的な概念として使用されるようになった。具体的には、その国の最下層階級や女性など、「文字」による記録がほとんど残されていない人々を指す。

有名な論文「サバルタンは語ることができるか」（一九八八）の中でスピヴァックは、自らの歴史を持たない「サバルタン」——だと〝我々〟が思っている人たち——の〝歴史〟を、我々が〝彼ら〟

あるいは〝彼女たち〟に「代わって」語ってしまうことの「意味」を、グラマトロジー論的に掘り下げて問題にしている。彼女はまず、英国の植民地支配の下にあったインドのベンガル地方で、英国当局による禁止命令にもかかわらず、土着の〝伝統〟に則って「サティー（寡婦殉死）」を遂げたと――大英帝国の官吏たちによって――記録されている女性たちのささやかな「歴史＝物語」に注目する。

彼女たちのほとんどは、単に「サティー」を行なったとされているだけで、名前も記録されていない。当然、その内面的〝動機〟は分かりようがない。植民地主義者の視点から見れば、彼女たちの行為は、古い伝統に則ったインドらしさの象徴のように思えるが、（西欧的な意味での）反植民地主義者の視点から見れば、彼女たちは伝統と必ずしも一体化していたわけではなく、〝伝統〟を利用して植民地当局に抵抗しているようにも思える。更に、フェミニスト的な視点を加えれば、英国当局だけでなく、自分を縛り付けている家父長的な伝統に対しても抗議しているように思えてくる。その場合、そもそも「サティー」と言えるのかがあやしくなってくる。

結局のところ、彼女たちの行為を、西欧人の記録に基づいて、西欧的なまなざしから、グラマトロジー的に再構成しているので、〝本当のこと〟は見えてこない。同じベンガル出身の女性であるスピヴァックも、西欧人の男性たち以上に、彼女たちの「真の物語」にアクセスできるわけではない。スピヴァックのような立場の人が、「サバルタン」を「代理」して語るポーズを取れば、西欧的なグラマトロジーによって構成された〝物語〟を、客観的な「歴史」であるかのように偽装することになる。スピヴァックは、〝サティー〟を行なった女性たちが、本当は何を考えていたのかという〝真の歴史〟を探求するのではなく、むしろ、西欧的「主体」が、どのような仕組みによって、そうした——実際には、再現前化＝代理（represent）できないはずの——「他者の歴史」を構成しようとするのかを問題にする。

フランス人であるミシェル・フーコー（一九二六—八四）が「内部」の視点から、パレスチナ出身のエドワード・サイード（一九三五—二〇〇三）が「外部」の視点から論じているように、近代西欧人は、「自己」の統一的イメージを構成するに際して、常に、自己の反対物である「他者」を比較参照のために必要としてきた。犯罪者・異常者を定義することによって「正常者」としての自己を確認し、同性愛者を名指しすることによって「異性愛者」としての自己を正当化し、野生で純朴な自然人を発見することで、文明化された「理性人」としての自己を位置付ける、といった形で。そのように考えれば、ルソーが理想的国家の構築のために「社会契約」する理性人と、善悪を知らない無邪気な自然人について同時に語ろうとしたのは、別に彼が首尾一貫していなかったからではなく、西欧的な「主体」形成の論理の必然的な帰結であったと見ることができる。スピヴァックは、こうした西欧的「主体」と「他者」の不可分の関係を考察するうえで、デリダのグラマトロジーが極めて示唆的であると指摘する。

わたしはデリダが二十年前に著したひとつの章を考察したい。「実証科学としてのグラマトロジーについて」（『グラマトロジーについて』第一部第三章）がそれである。この章でデリダは「脱構築」が批判的なものにせよ政治的なものにせよ適切な実践へと導くことができるのかどうかという問題に立ち向かっている。問われなければならないのは、自民族中心主義的な主体があるひとつの他者を選択的に定義することで自己を確立してしまうのを避けるにはどうすればよいか、ということである。（上村忠男訳『サバルタンは語ることができるか』みすず書房、一九九八年、六五頁）

デリダ自身は、こうした問題意識を必ずしも「実践」に直結させているわけではない。あくまでも（西欧的な意味での）哲学者であるデリダは、西欧的な「主体」を支えている表象システムの「限界」を、〝内部〟の視点から描き出すことに専念する。しかしスピヴァックは、デリダに全てを期待する必要はなく、西欧的な「主体」の自民族中心主義に対する彼の根源的な批判を受容して、それをポスト・コロニアルな問題系へと繋げていけばいい、と提案する。

デリダは、ここでは、他者を構成するにあたってはヨーロッパの自民族中心主義が作用しているということについての批判を示唆するのに、とりわけて政治的であるというよりはむしろ、ニーチェ的、哲学的、そして精神分析的な選択をおこなっている。しかし、ひとりのポストコロニアルの知識人として、わたしは、そのような批判をおこなうさいに必然的にとらざるをえない特別な道へと（ヨーロッパ人ならこういう場合にはかならずといってよいほどそうするように）デリダが導くことをしてくれないからといって、べつに困りはしない。わたしにとってもっとも重要なことは、デリダが、ひとりのヨーロッパの哲学者として、ヨーロッパ的主体には自民族中心主義にとっての周辺的な存在として他者を構成しようとする傾向があることを明確にするとともに、それをあらゆるロゴス中心主義的な努力、ひいてはまたあらゆるグラマトロジー的な努力を（というのも、この章の主要なテーゼは両者のあいだには共犯的な関係が存在しているということなのであるから）ともなった問題として位置づけていることである。これは一般的な問題ではなくて、あくまでヨーロッパの問題である。（『サバルタンは語ることができるか』、六九頁）

西欧的な「主体」が、グラマトロジー（＝文字に内在するロゴスの体系）によって、自／他の境界線を「書き込み」、安定化させていくプロセスは、ヨーロッパ諸国による植民地獲得＝資本主義システム拡大のプロセスとパラレルな関係にある。簡単に言えば、ヨーロッパの植民地的主体は、植民地にいる「野生に近い他者」たちから、様々な財を搾取しながら、同時に、彼らとの対比で「自己」を定義することによって、自己の「主体性」を再生産しているのである。スピヴァックは、隠蔽されてきたグラマトロジーのメカニズムを公にすることで、西欧的主体と、他者との植民地主義的な連関を攪乱しようとする。一般的に、デリダの影響を受けた「差異のポリテックス」は、実体的搾取・抑圧の構造を、西欧的な「知の主体」の形成をめぐる問題と結び付けて論じる傾向がある。「知の主体」を背後で支えているグラマトロジーを暴き出すことが、搾取・抑圧の批判に通じるわけである。

「法の力」と自己再構想

スピヴァック経由のデリダ受容が、第三世界のポストコロニアルな状況やサバルタン問題と揚めて、「西欧的主体」の自文化中心主義を批判する正面対決路線に傾きがちなのに対して、よりデリダに忠実に、内部からの「脱構築」という戦略を取ろうとしているのがポストモダン系法哲学者ドゥルシラ・コーネル（一九五〇―　）である。

コーネルは、デリダの『法の力』（一九九四）の基になったカードーゾ・ロースクールでのシンポジウム（一九八九）を組織したことでも知られているように、西欧的ロゴス中心主義の「限界」をめぐるデリダのエクリチュールと、リーガリズム（法至上主義）の背後に隠れた権力関係を研究する「批判法学」を繋ぐ仕事で知られている。分かりやすく言えば、様々な隠されたタブーによって、西洋的な思考を「限界」付けている――抽象的で目に見えない――「法」が、実定法にどのように反映されているかを探求する仕事である。従来のマルクス主義法学のように、市民法は上部構造であって、下部構造を維持する機能を果たしていると断じるのではなく、〝我々〟がイデオロギーと関係なく〝普遍的な正義〟であると信じて疑わないようなものの内に入り込んでいる、見えない「法」、我々の〝心〟に書き込まれた「法」を探求するわけである。

彼女は、意外なことに、政治哲学的にはデリダと対極にあると思われているローティとも個人的かつ理論的に近い関係にある。個人的には、スタンフォード大学で学生運動の活動家だった当時、学生指導担当の教員であったローティと、何度か会話したことがあり、それ以来、親しくしているという。理論的には、ロールズのリベラリズム理論を、「個人」を取り巻く「文化」的関係性をめぐる議論と接続しようとしている基本的姿勢において、ローティを評価している。ただしローティが、プラグマティズムの実験場としての「アメリカ」を特権視している点には批判的である。

コーネルは、西欧近代の法・政治思想の根底にある〝自由な主体〟という前提を「限界」付けている条件として、ラカン的な意味での「父の法」に言及する。原初の母子一体のファンタジー的状態に置かれている〝わたし〟には、明確に〝自己〟を規定するものがない。〝わたし〟を取り巻く様々な「他者」のまなざしや欲望が、〝わたし〟の身体の内に入り込んでいる。〝わたし〟は、他者を映し出す「鏡」のような状態になっている。そうした自／他未分化の渾然とした状態の中に、「父」の「否non（ノン）」という言葉（ロゴス）が介入してくることによって、〝わたし〟は、母を始めとする他者たちとの一体感を奪い取られ、「父」に似た「主体」＝「私」としての「自己」を形成する道を歩み出すことを余儀なくされる。いわば、「父」の「名nom（ノン）」を継承し、自ら背負って歩くよう運命付けられてしまうわけである。「父の法」を受け入れ、それに従属する（be subject）ことによって「主体subject」になっているのである。

従って、「父の法」という大枠の中で「主体＝従属」化された「私」が望む〝自由〟というのは、〝自ずから〟「父の法」に適合したものになる。一夫一婦制の核家族を形成して、その中で「主体」を再生産することが、〝自然な法〟になる。〝私のこころ〟には、「父の法」が「書き込まれ」ているのである。だから、社会的不正を正して、〝真の自由〟とするマルクス主義的な抵抗も、「父の法」に回収されてしまうことになる。スターリンは、ラカン主義の最大の実践者ということになる。

通常のラカン―デリダ読解では、「父の法」に抵抗しようとする「私」の試みは、お釈迦さまの掌の中の孫悟空のようなことにしかならないはずだが、コーネルは必ずしもそう考える必要はないと主張する。「父の法」の下での「主体」の形成（＝「同一化作用identification）」は、たとえ「私」が〝大人〞になったとしても、全面的に完了しているわけではない。「私」の「アイデンティティ」は、ごくわずかであるが変化に対して開かれている。

「法」を真っ白にすることはできないが、「父の法」が極めて抽象的なものであることを利用して「私」を限定している境界線を「書き替える」ことはできるのではないか、というわけである。

コーネルは、少数派の権利擁護を掲げる「差異のポリティクス」もしくは「アイデンティティ・ポリティクス」の人々が「アイデンティティ」が書き替え不可能なものであることを前提にして、それを積極的に表象することが〝解放〟に繋がるという論理を取りがちなことに対して批判的である。「アイデンティティ」は、文化的・社会的な関係性の中で形成されているので、〝自分の意志〟だけで変えられるものではないが、与えられている「アイデンティティ」を受けいれて、それと同化し切るのが唯一の道であるかのような言い方をすれば、〝マイノリティの中のマイノリティ〟をかえって抑圧することになる。例えば、アフリカのイスラムの性器切除の習慣をきらって亡命しようとしている女性に、「あなたはイスラムなのだから、西欧諸国に頼るのではなく、イスラムとして生きるべきだ」、と西欧のフェミニストや多文化主義者が安易に主張すれば、本人に二重の苦を負わせることになる。かといって、「あなたを迫害する既成のアイデンティティを捨てて、西欧社会に溶け込むようにしなさい」、と迫るのも抑圧である。

コーネルに言わせれば、マイノリティとしての既成のアイデンティティを受け入れて誇りをもって生きるか、それを捨てて、西欧的な普遍人権体制の下での新たなアイデンティティを取得するか、という究極の選択を迫る二項対立的な発想こそ「脱構築」されるべきである。「新自由主義がいやなら左翼にならねばならないのか？」、「同性愛者の集団がいやなら異性愛者の仲間にならねばならないのか？」、といった問いの答えをオープンにしたまま、執拗に問い続けることこそ、デリダの「グラマトロジー」の政治・法への応用である、というのがコーネルの基本的スタンスだ。苦しんでいるのは、階級とか、アイデンティティ集団などではなく、あくまでも個人である。

コーネルは、様々な「アイデンティティ」の狭間で苦しんでいる人が、〝自己〟を再形成することを法制度的にサポートするための、メタ権利概念として「イマジナリーな領域への権利」を提唱している。自分がどういう立場で生きていくのがいいのか分からないで葛藤している人、いわば、自らの社会的〝自己〟を確定しきれないでいる人に対して、例えば、「あなたはその状況の中で、女性として苦しんでいるのか、レズビアンとして苦しんでいるのか」と、早急に「自己決定」することを迫るのは、理不尽である。しかし、近代法は原則として「自己」決定して、立場を鮮明にしてからでないと、「訴え」を起こすことができないようにできている。「イマジナリーな領域への権利」とは、自分を取り巻く他者たちと対話しながら、どのように「自己」を決定したらいいのか、自己再想像に基づく〝決定〟までの保留期間を与えられる権利——場合によっては、最後まで決定しなくていいようにする権利——である。いわば、「自己決定権」のための「権利」である。

ドゥルシラ・コーネル

フェミニズム法学の主流派であり、「セクシュアル・ハラスメント」を法概念として定着させたキャサリン・マッキノンは、ポルノを、男性の女性に対する暴力一般を文化的に再生産するための装置、つまり男性が女性を支配することを自明視するための道具だとして、あらゆる女性にポルノ業者を訴える権利を付与すべきことを提唱している。これに対してコーネルは、マッキノンは、彼女自身のテーゼによればもっとも抑圧されているはずのポルノ産業の女性たちの意見を聞いていないと批判する。彼女たちを一方的に、サバルタン扱いしているというのである。

こうした女性たちの中には、幼少時に、性的虐待などのトラウマを受けたのがきっかけで、いやだと思いながら、ポルノ・ワーカーとしてのアイデンティティを身につけてしまった人がいる。そういう人たちに、「女性として自立して生きられるようサポートするから、そんないやなことは止めなさい」、といきなり切り出しても、まともに〝自己〟決定できるとは考えにくい。それまで形成されてきたアイデンティティと抵触するがゆえに、〝なかなか決められない人〟が、自己再想像の機会を得られるように、「イマジナリーな領域への権利」を設定すべきだというのである。無論、「自己」を再想像するのは、あくまでも個人であるので、制度的な「最終解決」はない。ポスト・モダン状況の中で、そうしたメタ権利概念を支えとしながら、〝複雑さを複雑として受けとめていこう〟というのがコーネルの戦略である。

デリダの「脱構築」とローティの「プラグマティズム」をうまく結び付けられるカギは、社会との相互作用の中での自己再想像の可能性を探るコーネルの議論にあるのではないか、と筆者は考えている。

（二〇〇三年一二月）

4 アメリカ「憲法」に潜む〈帝国〉と共和主義

ネグリ＝ハートの〈帝国〉

ネグリ＝ハートの『〈帝国〉』（二〇〇〇年）は、「九・一一」と「ブッシュの戦争」が始まる一年前に刊行されたということもあって、主として、彼らが暗示しているパクス・ロマーナ（ローマ帝国の下での平和）的なグローバルな「法＝権利」秩序の出現と、アフガン戦争以降のアメリカの軍事戦略という〝現実〟は矛盾しないのか、それとも、〈帝国〉への過渡期として旧来の「帝国主義」的戦略が復活していると見るべきか、といった視点から論じられた。確かに、この著作の中でネグリ＝ハートは、経済と情報の「グローバル化」に伴う「ネットワーク」の形成という現在進行中の極めてアクチュアルな現象を、ドゥルーズ＝ガタリ等の脱資本的な現代思想の視座から分析することを試みており、その意味で、この本が「ポストモダン的な国際情勢分析の書」として読まれるのは、当然のことである。

しかし、この本の第二部「主権の移行」では、それとはやや異なった視点、つまり「国家主権」

をめぐる西欧政治思想史の流れを今一度整理したうえで、その延長線上で、来るべき〈帝国〉の理念を導き出すという、一見かなりオーソドックスな作業も行われている。そして、その〈帝国〉へと向かっていく近代的な「主権」論の流れの中で、アメリカの「憲法＝国家体制 constitution」に特殊な地位が与えられている。簡単に言えば、アメリカの開かれた「憲法＝国家体制」の内に、西欧思想の最良の部分が具現されており、それが〈帝国〉の萌芽である、というのである。

これは、（アメリカ自体を含む）各国の左右の反米・反グローバル主義者たちにとっては、到底許しがたい裏切りであり、現代アメリカの政治思想をリードしている「リベラリスト」と「共同体主義者」にとっても途方もない議論であろう。

愛国主義的な色合いの強い右派の共同体主義者でさえ、アメリカで培われてきた共同体的価値観が全世界で通用するなどとは考えておらず、むしろ、その逆に、アメリカ的価値観の及ぶ範囲を限定して考えようとしている。普遍的な「正義」の原理を追求するアメリカのリベラリストたちも、アメリカ社会において「正義」と見なされているものを、グローバル化すべきだなどとは絶対に主張しない――それだと、ブッシュの「無限の正義」と同じになってしまう。ネグリ＝ハートは、そうした現代政治哲学の常識に抗して、アメリカの「憲法＝国家体制」の内に、コスモポリタンな主権の可能性を見ているのである。

『〈帝国〉』第二部の論旨については拙著『歴史と正義』（御茶の水書房、二〇〇四年）の第九章などでも解説しているので、詳しく繰り返さないことにするが、要は、ホッブズ―ルソー―カント―ヘーゲルによって形成されてきた「国民主権」もしくは「人民主権」論の系譜とは別個にマキャヴェリ―スピノザのラインで、「マルチチュード（多数性＝群衆）の野性の想像力に根ざした「構成的権力 constituent power」論が形成されていたということである。前者の「主権」論では、ホッブズのリヴァイアサンに代表されるように、それぞれ自己中心的に自らの利害のみを追求していた諸個人が、ある時点で、自己の自然な権利を「主権者」に対して自主的に放棄または譲渡して、それ以降は「国家主権」を〝主体〟的に支えていく「主体＝臣下 subject」に変貌すると前提されている。「主権国家」の成立と共に、自然人はいったん〝死んで〟、「（既に）構成された constituted」法的秩序を指向する権利「主体」として生まれ変わる。これに対して、後者の系譜では、自然な感性のままの「野生人」たちが、その時の状況ごとに自由に想像力に働かせながら「マルチチュード」として連帯し、「権力」を「構成 constitute」する。「マルチチュード」は「構成された権力＝国家体制」に拘束されることなく、能動的に、自らの望むように「主権」を構成し直す。

第二部五章「ネットワーク」的権力では、そうしたマルチチュードによる「構成的権力」による「開かれた主権」のモデルとして、アメリカの「憲法＝国家体制」が呈示されている。周知のように、アメリカの「独立宣言」では、人民の意志によって自らの政府を改廃する権利がうたわれている。アメリカの主権原理は、「主体＝臣民」を画一化していく傾向を有するヨーロッパ的な国民国家のそれとは、全く異なった性質があると言うのである。

合衆国の主権の概念が有する第一の特徴は、近代ヨーロッパの主権の超越的な性格とは反対に、権力の内在性の観念を呈示しているということである。この内在性の観念は、生産の観念にもとづいている。さもなければ、その主権の原理は無力なものであっただろう。ただ内在性のうちにあるだけでは社会が政治的なものになる要因は何もないからである。社会を構成するマルチチュードは生産的である。したがって、合衆国の主権は、マルチチュードを規制することにあるのではなく、むしろそれよりも、マルチチュードの生産的な相乗作用の結果として生じるものなのである。ルネサンスの人文主義的革命と、その後相次いで起こったプロテスタント諸宗派の抗争の経験のすべてが、そのような生産性の概念を発展させた。（……）権力とははるか頭上にあって君臨するものではなく、私たち自身が作り出す何かなのである。アメリカの独立宣言は、この新しい権力の観念をもっとも明白な言葉づかいで礼讃している。あらゆる超越的な権力からの人間性の解放は、自らの政治的制度を構築し、社会を構成するマルチチュードの力にもとづいているのだ。（『〈帝国〉』以文社、二二四頁以下）

「権力」の「内在性／超越性」というのは、一見、哲学的で分かりにくいようにも思えるが、要は、人々の「内」から生成してきて、人々の思い通りに「構成」し直すことのできる「権力」か、それとも「外」から与えられそのまま固定化して、〝臣民化〟した人々を縛りつける「権力」かということである。「超越的」というのは、警察や軍といった人為的に構築された装置の物理的強制力によって人々に押し付けられるということに加えて、人々の想像力の働きによって連続的に構成されるのではなく、宗教やイデオロギーなどの外部の形而上学や権威によって「上」から与えられるということも意味する。そうした意味での超越的権力というのは、当然、「構成された権力 constituted power」であって、「自ら構成する権力＝構成的権力」ではない。特定の超越的な法則に縛られることなく、様々な水平的な連帯関係を築いたり、崩したりしながら「構成的権力」を担っているのが「マルチチュード」である。

日本の憲法学の用語としては、「構成的権力」は「憲法制定権力」、「構成された権力」は「憲法によって制定された権力」と訳される。「憲法制定権力＝構成的権力／憲法によって制定された権力＝構成された権力」という区別自体は、もともとフランス革命時の思想家シェイエスによって「国民」主権論の文脈で提起されたものであり、主権者である「国民」が「憲法＝国家体制」を制定する権力を持っていると同時に、自らが「制定」した「憲法＝国家体制」によって縛られる面があることを指摘することを意図したものである。

日本国憲法について言えば、主権者である「日本国民」が、自らの意志で「平和憲法」を制定したことになっているが、その国民自身の意志によって、「平和憲法」を「戦争憲法」へと改定することが可能か法学的に論じたりする際に問題になる。主権者としての「国民」の権力が全面的に「憲法」に縛られているとすれば一切の憲法改正が不可能になってしまうので、いかなる立場の学者であれ、国民の「憲法制定権力」が現行の「憲法」（の条文）を越えていることを――少なくとも部分的には――認めざるを得ないが、そうした「憲法制定権力」による改正可能性が「戦争／平和」や「民主主義」、「国民主権」などの最も基本的な部分にまで及ぶのかについては、かなり判断が難しくなる。因みに、ナチスを擁護した法学者として悪名が高いカール・シュミットは「憲法制定権力」があらゆる制約を越えて「国家体制」を改編し得るという議論を展開したことで知られている。

ネグリ＝ハートの言うように、アメリカの「憲法」が、「構成的権力」に対して全面的に開かれているとすれば、そこには、マルチチュードによる自由な想像力が最大限に開花する可能性があると同時に、大きな危険が潜んでいるとも言える。マルチチュードによる想像の帰結として、ナチスのような全体主義的体制、場合によっては、〝国民〟主権自体を否定するような体制が選択されてしまう可能性もあるからである。マルチチュードが自らの自由を否定する権力形態を構想するというのは、論理的に矛盾しているようだが、〝自由〟の意味するところ自体が常にマルチチュード自身によって再想像されており、未確定である以上、第三者的に見て極めて〝不自由〟な体制をマルチチュードが好むということはあり得る。

無論、アメリカの「憲法」には、いきなり「全体」一致して、人民が〝結果〟的に自らの自由を否定してしまうことにならないよう、様々な段階での「討議」の手続きを経て、熟慮を重ねていく仕組みがある。現代の政治思想で「熟慮（討議）的民主主義 deliberative democracy」と呼ばれるシステムである。それによって少数意見が、当事者たちが納得のいかないまま沈黙させられてしまうことがある程度抑制され、より実質的な「合意」を目指すことが可能になる。そうした民主主義的な装置によって、マルチチュードの自由な想像力が暴走することに歯止めがかけられているわけであるが、その装置が効きすぎれば、今度は逆に、自由な想像の余地が狭められてしまう。二つの方向の間でバランスを取られていなければ、自由は簡単な圧制へと転化してしまう。

ネグリ＝ハートは、アメリカの「憲法」には、自己の想像力によって作り上げた統治体制を「反省」的に捉え返しながら「弁証法的」に発展していく性質があると論じている。この場合の「弁証法的」

というのは、単に「自由」とその「抑制」の間で行ったり来たりし続けるだけでなく、それまで〝自由の限界〟と思われていたものを乗り越える、より高い次元での「自由」を可能にする制度の創出を求め続ける、ということである。具体的に言えば、イギリス本国からの孤立を求めた十三州の緩やかな連合体（confederation）として出発したアメリカ合衆国（United States of America）――アメリカの国家連合とも訳せる――には、もともと「自由」という共通目的以外にそれほど明確な統制原理はなかった。しかし、次第に領土や活動範囲を拡張していく内に、様々な文化・宗教エスニシティ的背景を持った人々が「マルチチュード」として次々と参入し、「合衆国」の枠内で新しい社会的ネットワークを形成するようになったため、不可避的に法・政治制度を改編していく必要が生じてきた。例えば、当初念頭に置かれていなかった黒人や女性の人権が、アメリカの憲法原理に反省的に組み込まれることによって、アメリカ人民全体のマルチチュードとしての想像力は、より高いレベルで展開することになったわけである。

〈帝国〉的な主権の概念は、合衆国の政体構成史のさまざまな局面を通じて展開された、長いプロセスのなかで実現されてきた。むろん、書かれた文章としての合衆国憲法そのものは（いくつかのきわめて重要な修正条項を除けば）ほとんど変わっていない、だが、また同時にこの憲法は、法律家や裁判官によってのみならず、社会の隅々に存在するさまざまの主体によっても行使される、法律的な解釈と実践からなる具体的な体制としても理解されなければならない。じっさい、この具体的かつ社会的な憲法＝政体構成は、共和政体創設以降、根底的に変化してきたのである。じつのところ合衆国の政体構想史は、四つの異なった局面または体制に分けられるべきものである。第一の局面は、独立宣言から南北戦争と再建時代にまでわたる。第二の、極端な矛盾を含んだ局面は、世紀の変わり目をまたいで革新主義の時代に対応するものであり、シオドア・ローズヴェルトの帝国主義的ドクトリンから、ウッドロウ・ウィルソンの国際的な改革主義にまで及ぶ。第三の局面は、ニューディールと第二次世界大戦から冷戦の絶頂期にまでわたる。そして最後に、第四の局面は、一九六〇年代のさまざまの社会運動とともに始まり、ソ連邦と東欧ブロックの崩壊をくぐり抜けてつづいてゆく。合衆国の政体構成史のこれらの局面は、〈帝国〉主権の実現へと向かう一歩をそれぞれしるしづけるものである。（『〈帝国〉』二一八頁以下）

アメリカの「憲法＝政体構成 constitution」は、最初から実体的に〝自由〟を具現していたわけではなく、「共和制」の「危機＝転換」期を迎えるごとに、その都度の状況にプラグマティックに対応しながら「自己」を変貌させることで、様々な人々（マルチチュード）のための「自由な活動」の空間を漸進的に拡張してきた。従って、現在のアメリカの統治体制の内に、マルチチュードを「臣民＝主体」化するような力が作用していたとしても、本来的に柔軟に〝構成〟されているアメリカの「憲法」は、そうした負の作用を反省的に乗り越えて、より開かれた空間を創造する余地があると見ることができる。そうした「自由」の空間の量的・質的拡張を通して、最終的に、地球上のあらゆる人々がマルチチュードとして活動することのできる〈帝国〉が出現しつつある、というのがネグリ＝ハートの見方である。

ハリントンの共和主義

『〈帝国〉』より八年前に書かれたネグリの主著『構成的権力』（一九九二年）では、マルチチュードによる「構成的権力」がルネサンス（マキャヴェリ時代）以降のヨーロッパにおいて、どのような具体的な形を取って出現し、それがどのようにアメリカの憲法体制にまで継承されていったか政治史・政治思想史的に検証している。マキャヴェリ―スピノザ・ラインの「構成的権力」論と、新大陸アメリカを結ぶ媒介項としてネグリが注目しているのは、英国の市民革命時代の「共和主義」の思想家ジェームズ・ハリントン（一六一一―一六七七）である。ハリントンの主要著作『オシアナ共和国（コモンウェルス）』（一六五六）ではホッブズ―ロック的な「社会契約」論とは異なる形で「共和制」が基礎付けられている。これは、英語圏における「共和主義」思想の原点とも言うべき重要なテクストである。

ここで、思想としての「共和主義 republicanism」とはそもそも何なのか、簡単に述べておこう。社会・政治思想の教科書でよく述べられているように、「共和制」もしくは「共和国」を意味する英語〈republic〉の語源は、ラテン語の〈res publica〉であり、これを文字通りに訳せば、「公的なres」「もの publica」ということになる。ハンナ・アーレントの〈公（public）／私（praivate）〉区分に即して説明すれば、「家」の中で公に知られることなく身内だけで密かに（privately）営まれる「私事」

ではなく、〝自由〟で〝自立〟した「市（公）民」たちの公的（＝政治的）論議の対象となるべき「公的事柄 public affairs」ということである。従って「共和制」とはもともと、「市民」たちがお互いの共通の関心事＝「公的事柄」について話し合い、その結論に基づいて、それらの〝もの〟を管理・統治するシステムだということになる。

この意味での〈res publica〉を英語風に言い換えたのが〈commonwealth（共通の富）〉であり、ホッブズの『リヴァイアサン』に登場する「国家」の原語も、「コモンウェルス」である。ホッブズやハリントンが問題にする近代的な「コモンウェルス」の「ウェルス」の部分には、市民的な「所有」という意味合いが含まれている。簡単に言えば、各々が自然状態で勝手に占有している〝物〟を、いったん公的管理（＝共和制）に移したうえで、「権利主体」としての「私」の「所有物」として相互承認し合うという形になる。無論、単純にこの意味での「共和制＝コモンウェルス」を重視するということであれば、西欧近代国家のほとんどは「共和制」であり、全体主義やアナーキズムを除いて、近代政治思想のメインストリームは基本的に、〝共和主義〟ということになる。

政治思想としての「共和主義」に焦点が当てられるのは、通常、狭義の「自由主義」、換言すれば、ホッブズ流の社会契約論的な「自由主義」の限界が指摘される文脈においてである。いわゆる「自由主義」の国家観においては、社会契約を結ぶ〝以前〟の諸個人は、相互に何の絆もなく、自分勝手に自己の利益の最大限化を図るエゴイストとしてイメージされている。もともと飢えた狼のようなエゴイストであったものたちが、自分の生命・身体・財産を保存するために仕方なく、国家の「法」に従うようになる（＝「主体＝臣民」化する）、というイメージだ。国家を構成する「自由な主体」たちは、我が身の自由を守るためにともかく「従っている」だけであり、自らが属する「共和制＝共通の事柄」に対して誇りを持ち、その発展のために積極的にコミットする義務はない。「自由主義」は原則的に、市民たちが自らの主体的な「生き方」として、「コモンウェルス＝公共の福祉」のために忠誠を捧げることを求めないし、むしろ「政治」の中に道徳や価値観を持ち込むことを回避しようとする。

それに対して「共和主義」は、市民たちが「共和制」を主体的に支えていくことを「共通善（コモン・グッド）」として内面化している状態を政治の理想と見做す。共和主義的思考においては、「共和制」あっての個人の「自由」であって、各人が「コモンウェルス」に関心を持たないで、自分の幸福のみを享受している状態は考えられない。このように、「自由」と政治的共同体にとっての「善」をリンクして理解しようとする点で、「共和主義」は本質的に、「共同体主義（コミュニタリアニズム）」とかなり似通っている。〝違う〟のは、「共同体主義」が宗教・歴史・文化を共有する——政治〝以前〟の——伝統的共同体を前提にしているのに対し、「共和主義」は必ずしもそうした古くからの共同体を前提にしておらず、何らかの「共通善」の観念を中心にして、全く新たな「コモンウェルス」を築いてもいいわけである。

ハリントンが『オシアナ』で示した「共和主義」も、新たな価値観に基づいて、市民たちの共同生活の場としての「コモンウェルス」を立ち上げることを目指すものである。「コモンウェルス」と、「市民の生活」を具体的に結び付けるための制度としてハリントンは、「農地再配分」を通して、市民たちの「土地所有」を

ジェームズ・ハリントン

確立することを提案している。古代ギリシア・ローマのように、「土地保有者」となった「自由な市民」たちに武装させて「人民の軍隊」を組織し、それによって「自由の防壁」としての「共和制」を守っていこうとする構想である。つまり、最も基本的な「所有物 property」であり、各人の具体的な生き方の特性（property）とも結びついている「土地」を、「コモンウェルス」として共同管理下に置くことで、「市民」相互の内的な連帯を強化し、更に、そうした連帯を可能にした「共和制」を〝主体的に支えていくように仕向けるわけである。ホッブズ―ロックの「自由主義」が、社会契約〝以前〟に獲得された個人の「所有」をそのまま保証することに眼目を置いているのに対し、ハリントンの「共和主義」は、既成の「所有」制度を再編することによって、「自由な市民」たちがコモンウェルスに積極的にコミットしやすい状況を作り出そうとする。

農地配分法から、いまやわれわれは国家の構成へと遡らねばならない。現実から理論へ、所有関係や階級関係の物質的構成から形式的な関係へ、構造から上部構造へと遡る。構造すなわちバランスは諸階級の物質的関係である。上部構造すなわち農地配分法は国のかたちをつくるダイナミズムであり、その規則の設定である。農地配分法は真の意味で基本的なのだ――農地配分法は国の物質的なかたち・秩序を保証するばかりでなく、それを強化し、再生する法的な秩序を構成する。しかし、これは第一の面にすぎない。また別の面もある。農地配分法は自由の物質的基盤を再生するばかりでなく、それを拡張と参加の論理のなかで再生産する。（杉村昌昭・斎藤悦則訳『構成的権力』松籟社、一九九九年、一八〇頁）

（ネグリから見た）ハリントンの議論のポイントは、自らの「自由」の物質的な基盤として「土地」を割り当てられた人々が、その土地を自らの手で耕し、経営することを通して、「共和制」に参加する「市民」としての自覚（＝アイデンティティ）を高めていくということにある。物質的な基盤を持たず、もっぱら形式的にのみ〝自由〟であるにすぎない社会契約論的な〝市民〟であれば、その立場が不安定であるため、多くの富を支配する少数の有力者に屈しやすくなる。「土地」に根ざし、そこに愛着を持ち自らがコモンウェルスの主人であると実感している共和主義的な「市民」であれば、相互に連携しながら、「臣民」化の圧力に抗することができると考えられる。

「構成的権力」論のうえで重要なのは、そのように「所有」を通して「コモンウェルス＝共和制」と本質的に結びついている「市民」たちが、想像力を自由に働かせながら、新たな「権力」を構成するようになる、というハリントンの議論にある。

ハリントンは『オシアナ』のなかで、古代の知恵の再活用を説きつつ、「コモンウェルスの構築にあたってはファンシーにしたがえ」と訴える。／そこで、このファンシー［fancy］の働きが共和制を生むのだと分かる。ファンシーとは反権力であり社会の主体性であり、民主主義的なイマジネーションなのである。（……）ルネサンス期のイギリスで使われたファンシーの語義の豊かさに匹敵するほどの近代の語はない。それは、（……）スピノザの用語イマジナチオ［imaginatio］などと同じくらいの力を十七世紀の思想に及ぼしたのである。しかし、こうした比較はまさにファンシーとイマジネーションの構成的機能、すなわち存在論的な決定力をつかみとろうとするときにのみ意味がある。つまり、ファンシーの共和＝民主主義的な次元、多数性の構成的権力となりうる能力が問題なのである。ファンシーとイマジネーションは具象と抽象の仲介ではない――両者の機能は認識論的レベルのものではなく、存在論的で構成的なものなのだ。思考から存在へ、哲学から政治へ、個人的機能から集合的機能へと移ったファンシーとイマジネーションは、構成的権力以外の何ものでもない。（『構成的権力』、一八四頁）

ファンシーとイマジネーションが認識論的なレベルではなく、「存在論的・構成的」レベルで作用するというのは、少し分かりにくいかもしれないが、簡単に言えば「市民」たちが自分の生活とは関わりのないところで〝理想的な政治〟を漠然と夢想するのではなく、「土地の所有」を介して自らがその一部となっている「コモンウェルス」をイメージ化しようと試みるということである。やや比喩的に表現すれば、「自らの身体」とも言うべき「国のかたち constitution」を、人々が集団的に構想することを通して、コモンウェルスを動かす「権力」が構成されるということである。

ここで作用する想像力は、宗教的・形而上学的に「上」から、あるいは「外」から与えられた抽象的な「イメージ」に即して主体＝臣民を誘導するような性質のものではなく、それぞれが自らの生活基盤を持っている「市民」たちが、相互の「多数性」を保持しながら、あるいはむしろ、それを活用して想像力の働く余地を拡大し、「共和制」を発展させていくような性質のものである。土地所有を基礎として、人々は「マルチチュード」として結びつき、コモンウェルスを構成している自分たちはそもそも「誰」なのか集合的に「想像」するようになる。ネグリは、「下」から立ち上がってくる集合的想像力に期待を寄せるハリントンの唯物論的・反権力的な議論の内に、現代における「マルチチュードの構成的権力」へと繋がっていくものを読み取っている。

ハリントンからジェファソンへ

英国における〝市民革命〟としての名誉革命は、ホッブズ—ロック的な社会契約（＝服従）論的な枠組みに即して進行し、ハリントン的な「共和制」の構想は日の目を見ることはなかった。しかしネグリに言わせれば、広大な「空間」の開拓・所有化を通して、独自の市民性を発展させていったアメリカにおいて、ハリントン的な共和主義が現実的なものになった。ネグリは、ハリントンの『オシアナ』がアメリカの「建国の父」たちに直接的に与えた影響については、思想史的にそれほど詳細に論及していないので、両者の繋がりについて詳しくは、浅沼和典著『近代共和主義の源流：ジェイムズ・ハリントンの生涯と思想』（人間の科学社、二〇〇一年）の第四章「後代への影響」等を参照されたい。ネグリの理解によれば、アメリカという——ヨーロッパから見て——特異な「空間」が、ハリントンの「コモンウェルス」に近い国家体制の母胎となった。初期のアメリカにおける、いわゆる「フロンティア」活動には、「自由のフロンティア」という政治哲学的な意味合いも含まれていたというのである。

空間は権力を基礎づけるものである。なぜなら、空間は領有として、拡張として、「自由のフロンティア」として、市民の能力が開花する場として、すべての市民に可能性の場を与える積極的な営みの綜合として理解されたものだからである。空間はアメリカの自由の行く末であると同時に原点への回帰である。新たなカナン〔楽園〕であり、荒れ野である。アメリカの自由という「第二の自然」を鍛えあげる「第一の」自然なのである。／空間はアメリカの大衆の居場所でもあるが、この大衆自身も所有・領有・新権利が保証する自由によって生まれ変わる。権力の概念がこれ以上に根底的に変わることなど誰も想像できまい。この概念を巨大な空間のうえに散在する大衆にあてはめると、それはまったく抽象的なものと化す。しかし、それが大衆一人ひとりの利害、領土の広がり全体への個別の参入にもとづく点を見るならば、それは同時にまったく具体的なものとなる――言葉は事実に合致し、それが理論の特性となる。空間はアメリカ的な自由、すなわち所有者の自由を構成する地平なのである。／ハリントンのユートピアが現実のものとなる。まさにそのとき、このユートピアはまったく新しい権力イメージにもとづいて構築される。以降、政治の主体は自由な所有者からなる大衆である。これからは、所有から排除された人びとの関係を組織することではなく、所有者同士の関係を組織することが問題となろう。こうした地平では、政治は空間的な所有の存在論と直接的に結びつけられ、マキァヴェリ的な次元の政治が力づくで肯定される。(『構成的権力』、二一二頁)

〝新大陸〟――アメリカ先住民の立場からするとこういうとらえ方は誤っているが、ここでは、アメリカというコモンウェルスの最初の「市民」となった人びとの視点が問題になるので、敢えて、そういう表現を使うことにする――に渡った移民たちは、目の前に広がっている土地を協同で開拓しながら、ヨーロッパ的なしがらみから〝自由〟に、新たな関係性を築くようになった。フロンティア活動によって得た「土地」の所有が、各人が「市民」として自由に活動する基盤となり、それらの「土地所有者＝市民」たちの連合体として、形而上学的・演繹な原理に依拠しない、政治的権力が大衆レベルで「下」から構成されてきたわけである。

ヨーロッパにおいては、古くからの土地所有制度によって力を得ていた教会や領主・大地主の既成権力がなかなか解体されず、名誉革命などの市民革命を経ても、かつての地主階級が資本家とスライドする形で権力を維持する状態が続いたため、「土地所有」に根ざした「コモンウェルス」は現実化しなかった。発展期のアメリカの場合、土地の所有が一部の有力者に偏ったとしても、フロンティアによって新たな土地を獲得し、「市民」が活動できる「空間」を、少なくとも物理的に確保することが可能であった。フロンティアで開拓された土地が、「コモンウェルス」の内に取り込まれることを通して、「市民的な自由の空間」が拡張され、当然より多様な人びとが「市民団」の中に参入することになる。必然的に、そうやってフロンティア的に拡大していく市民たちは「マルチチュード」の様相を呈し、彼らの間で自生的に生まれてくる権力は、マキャヴェリー―ハリントン―スピノザ的な「構成的権力」としての性格を示すことになる。

ネグリは、アメリカ独立の過程で各地でマルチチュード的に生まれてきた「民会」が次第に大陸全土の代議制へと発展し、民兵組織が軍隊へと移行していったダイナミックな動きを参照しながら、アメリカというコモンウェルスが「構成的権力」による「自由な空間」として出発したと分析している。

もう一度構成的権力の定義に戻ろう。『独立宣言』において、それはネガティヴにはイギリスの法が及ぶ領域の限界として定義され、ポジティヴにはアメリカの自由の新しいフロンティアとして定義される。この空間は、宣言の前文に息づくラディカルな民主主義の活動ですでに充たされ、いずれの憲法にも先行する構成的権力の運動の基盤に関するイマジネーションで満ちている。そこに濃厚に存在するのは分裂と革新の運動である――諸州の法律・政治・イデオロギーの歴史的連続性に修正が施されただけのものではない。「永遠の分離」はまったく新しい空間を確定する。人民の民主的な活動によってすでに新しい生命、自由、幸福があふれ始めた空間である。『独立宣言』でジェファーソンは構成的権力の概念の歴史の重要な一要素を表現している。すなわち、構成的権力はまったく新しい空間を構築する能力として示されている。この空間は政治によって定義し直され、政治的解放をうちたてる営みによって獲得されるのだ――このことが普遍的な言葉で表現されている。第一回大陸会議（一七七四年）と第二回大陸会議（一七七五年）のあいだに始まった過程がここでますます活性化する。――そのあいだには共同のボイコット運動、自治を試みた散発的な経験、人民の武装、下からの管理という新しい実験（各州による行政・司法・経済の管理）、武装した人民による権力の取り戻しがあった。（……）当時実際に起こったことは、国民と国家の同時形成、空間と政治社会の同時形成であった。これは理論的に予見されず、予見しえなかった状況である。マキァヴェリは政治を掘り下げて、虚空の外縁で構成的現実の原理をつかみとるまでにいたった。ハリントンはこうした創造的現実に物質的な根拠を与えた。すなわち反権力の関係という根拠である。ジェファーソンは構成が営まれる空間的な次元を発明し、政治がそのすべての次元で創造的なラディカル性を保持することをわれわれに示した。(『構成的権力』、二二二頁以下)

イギリスの名誉革命の際の『権利章典』やフランス革命の際の『人及び市民の権利宣言』などと、アメリカの『独立宣言』との大きな違いは、前者が、既成の国家の主権が及ぶ領域内での政権交替・体制転換という形を取っているため、マルチチュードの「構成的権力」によって「新しいコモンウェルス」が創設されたと言えるのかはっきりしないのに対し、後者では、連合植民地が英国王の主権の及ばない、政治的に「新しい空間」として定義されているため、その空間内部で作用する「権力」は必然的に「構成的権力」ということになる、という点にある。もう少し分かりやすく言うと、後者では、英国の国家主権からの完全な「分離」によっていったん「権力」の真空状態が生まれたことになるから、その「空間」で政治を行うとすれば、マルチチュードとしての「人民」の下からの想像力によって、新しい「権力」を生み出し、それまで全く存在しなかった「コモンウェルス」を新規に立ち上げるしかないわけである。

アメリカのような「植民地」が本国から独立する場合、既成の「構成された権力」から切断された新しい「コモンウェルス」を構成する〝権力主体〟として「人民」を呼び出すしかないのは、ある意味で当然のことである。しかし、そのことが『独立宣言』というエクリチュール（書かれたもの）の内で一般的に定式化されたことによって、物理的な意味で新たな「空間」を確保することが、新たな「コモンウェルス」を〝主体〟的に形成するための前提条件になることが明らかになったわけである。独立当初のアメリカには、これから開拓することが可能な多くの「フロンティア（境界線）」があり、それらの境界線の向こうの地に人々が新しく入植すれば、そこにまた新しい政治的に「自由な空間」が生まれてくる。それらのフロンティアの諸空間に居住する人々が自生的に「構成的権力」を形成し、新たな「州」として、「連合＝合衆国」に参加してくれば、アメリカの〝コモンウェルス〟は更新されることになる。

無論、現在では、「アメリカ合衆国」本体が物理的に拡張することで、自由のための新たな「空間」が産出されるという可能性はほとんどないわけであるが、「憲法＝国家体制」自体に［「空間」→「自由」→「構成的権力」→「コモンウェルスの再編」］図式が書き込まれているので、「連邦制」という緩やかな枠組みを活用しながら、その都度の社会・文化的状況に応じて、コモンウェルスが変容する余地は、理論的に残されているのである。

「共和主義」の現代的意味

こうした『構成的権力』における「共和主義」論の延長線上で『〈帝国〉』を読み直せば、ネグリ＝ハートは、来るべき〈帝国〉を、グローバルなネットワークによって形成されてきた――ヴァーチャルな――「空間」の中に成立する巨大な「コモンウェルス」としてイメージしているように思われる。『〈帝国〉』という書物自体が、言わば、グローバルな「共和主義」のためのマニフェストになっているわけである。この〝コモンウェルス〟は、ハリントンの「オシアナ」や初期のアメリカと違って、土地所有をマルチチュードの結び付きのための基盤にしているわけではないが、インターネットの中で行き交う様々の「情報」を基礎として、異なった文化・社会的背景を持ち、相互に顔を合わせたことさえない人びとが、それぞれ想像力を働かせながら「マルチチュード」として連帯できる余地を生み出す。グローバルなネットワークに蓄えられている「情報」へのアクセスを「共有財 common goods」として、コスモポリタンなシティズンシップが形成されるわけである。

ネグリ＝ハートは、こうした新たな「構成的権力―コモンウェルス」へと、世界中の「マルチチュード」を結集させることによって、人びとを画一的かつ強制的に「主体＝臣民」化していく、グローバルな「資本」の力に対抗し、最終的には、ネオ・リベラリズム的に推進されている「グローバリゼーション」を奪取することを企図しているわけである。その際に、ホッブズ―ロック的な社会契約論に根ざした政治的リベラリズムは、エゴイスティックに自己の利益を追求する諸個人を、新たな「共通善 common good」を中心として「コモンウェルス」に呼び集めるための思想として十分に機能し得ない。そこで、「空間」の領有化を基盤とした「集団的生」の「想像」という面を強調するマキャヴェリ―ハリントン―ジェファソン・ラインの「共和主義」の復権が必要になってくる。人びとを「共通善」にコミットするよう仕向ける「自由」でなければ、グローバルな資本を乗り越えるシティズンシップを形成することはできないからである。

無論こうした彼らの共和主義的な「構成的権力」論には、矛盾した面も含まれている。マルチチュードの「構成的権力」は、あらゆる既成の「構成された権力」から〝自由〟なものとして想定されているが、現実の世界には〝構成的権力〟が純粋な形で自生してくるような「空間」は存在しない。物質的な空間であれ、ヴァーチャルな空間であれ、人間が存在している場には、常に何らかの形で「構成された権力」が作用している。人びとの集団的な想像力も、〝構成された権力〟を再現前化（represent）する性質を帯びた様々な「表象＝代表 representation」装置・制度によって規定されている。「市民」の公共的な活動の基盤としての土地やネット空間を準備したとしても、それですぐに既成の〝権力〟から自由になれるわけではない。現政権の権力行使からは辛うじて〝自由〟になれたとしても、フーコーが「生権力」と呼んだミクロな権力の網の目から全面的に解き放たれることは不可能である。

具体的には、各種のメディアの中で流布している権力のイメージや、警察や軍隊、学校などの「権力」を「代表」する制度の存在によって、私たちの思考パターンが規定されている。一般の〝市民〟が自分たちの想像力によって新たな〝構成的権力〟を立ち上げようとする時、どうしても、それらの既成のものを念頭においてしまい、時によってはそのまま利用することもあるので、〝構成的権力〟のつもりで、「構成された権力」を再現（前化）してしまうことがしばしばある。かつての「ソヴィエト（評議会）」や、ノン・セクトの左翼運動等がその端的な例であろう。

『〈帝国〉』が提起した諸問題をめぐって、様々な分野の専門家の考察を集めた論文集『帝国の新しい衣』（ラトレッジ、二〇〇四年）の共編者である法哲学者のポール・A・パサヴァンは、ネグリ＝ハートの試みを、アーレントの議論を継承する「ポストモダン共和主義」として評価したうえで、彼らの議論には、法や政治における「表象＝代表制」という視点が欠如していることを指摘している。彼に言わせれば、ネグリ＝ハートは、既成の「法」がいったん宙吊りになった状態において、社会＝マルチチュードの側から「構成的権力」が立ち上がってくるという図式を描いているが、たとえ実定法が停止したとしても、我々の社会は、〝法〟の「表象」に満ち満ちている。(生)権力が純粋にゼロになる空間は存在し得ない。「私たち」が自分とは誰かを「表象」し「私たちの権利」を主張しようとすれば、社会の中に浸透している表象を利用しなければならない。

デリダやドゥルーズであれば、かなり執拗に拘るであろう「表象」を通しての、権力＝暴力(Gewalt)の反復の問題を、ネグリ＝ハートはあっさりと素通りしているように見えるが、本格的に新しい「コモンウェルス」を立ち上げようとするのであれば、この問題に何らかの形で「答え」を与えておく必要がある。それこそが、現代の〝マルチチュード〟に課せられた最大の課題である、と言ってもよいだろう。

（二〇〇四年四月）

第3章

〝不自由〟な左翼思想

1 ドイツにおける新保守主義の台頭

※本章は一九九七年秋に執筆したものであり、ドイツにおける社民党政権の誕生や、NATOのコソボ空爆問題[*12]、イラク戦争への対応など最近の重要な動きは反映されていない。しかし、この時点でのドイツの左派を取り巻く情況が、現時点での日本の左派のそれとよく似ていることを考慮し、敢えて、ほぼそのままの形で本書に再録することとした（筆者）。

一九八九年のベルリンの壁崩壊以降、ドイツの政治文化に大きな地殻変動が起こっている。長年にわたって（旧西）ドイツの思想界をリードしてきたリベラル左派の発言力が低下する一方で、戦後一貫してタブー視されて来た〈ナショナル・アイデンティティー〉の復権を主張する新保守主義的な言説が政治家・知識人たちの間に広がりつつある。

作家のギュンター・グラス（一九二七―二〇一五）、社会哲学者のハーバマス、歴史家のハンス＝ウルリッヒ・ヴェーラーなど社会民主党（SPD）寄りの左派知識人たちは、ナチズムの起源は一八七一年のドイツ第二帝国の成立（＝統一された〈国民国家〉の出現）にともなうナショナリズムの暴走にあったという論点から、東西冷戦下での分断という「特殊」状況をむしろ肯定的に評価する逆説的な立場を取り続けてきたわけであるから、統一国家がすでに現実のものとなった以上、彼等に分が悪くなっているのは当然のことだろう。歴史的に形成されてきた伝統的アイデンティティーと徹底的に訣別することをとおして、民主主義的な憲法体制の下での新しいアイデンティティーを獲得しようというハーバマスの憲法愛国主義論は、東西格差是正、欧州統合、社会保障制度の大改革など九〇年以降次々と生じてくる現実的な社会・経済問題に直面している一般国民の目には、極めて抽象的で「分かりにくい」ものに映っている。加えて、ドイツ基本法（憲法）の柱の一つとされた亡命者庇護規定の改正、ボスニア和平に関連してのドイツ連邦軍の北大西洋条約機構（NATO）域外派遣など、ドイツの〈普通の国〉化が急速に進行しており[*13]、左派勢力は新しい状況に対応しきれなくなっている。

新保守主義者の論法

左側の求心力が落ちてきたのに呼応するかのように、「ドイツ固有の歴史的アイデンティティーを取り戻そう」というタイプの「分かりやすい」議論がマス・メディアを賑わしており、政権与党であるキリスト教民主同盟・社会同盟（CDU・CSU）ばかりでなく、SPDや緑の党の政治家たちの間にもそうしたナショナリスティックな言説にまきこまれる傾向が見られる。コール（元）首相の後継者と目されてきたCDUのショイブレ院内議員団長は、著書『未来に向かって』（一九九四）の中で、ドイツ人は、「一つの観念へのコミットメントではなく、特定の国民、民族への帰属感から」

自己のアイデンティティーを獲得すべきだとし、「国民の感情的・結合的な力」への回帰をアピールしている。ナチズムを連想させる「民族的な力への回帰」などという内容を与党の最高幹部が平気で口にするのは、これまで考えられなかったことだ。次期総選挙でSPDの首相候補になると予想されているシュレーダー・ニーダーザクセン州首相（元・連邦首相、一九九八―二〇〇五）は昨年（九六年）から、欧州連合全体の利益よりも、ドイツのナショナル・インタレストを優先すべきだという趣旨の発言を繰り返している。

〈国民国家への回帰〉が単に口当たりのいいレトリックに留まっているのであればさしたる実害はないだろうが、「負の記憶」を隠蔽することで近現代史を美化しようとしているどこかの国の単純な「自由主義史観」論者たちとは違って、ドイツの新保守主義・歴史修正主義の論客たちは、ホロコーストの記憶をめぐるポスト・モダニズムの言説までも取り込みながらかなり巧妙な理論武装を進めており、それだけに不気味である。

彼らはまず、リベラル左派が掲げてきた社会主義的ユートピアの無効を宣言するが、同時に、ドイツの〈西欧化〉路線を支持してきた従来の保守主義とも一線を画している。西ドイツの初代首相アデナウアーを中心に形成された戦後の保守主義は、ドイツを西側の一国として位置づけ、米国との友好関係の強化、欧州統合プロセスへの積極的参与を目標として掲げてきた。日本の場合と同様に、政治的・経済的・文化的に西側に統合し、西側の一員として繁栄することがドイツの保守本流の基本的コンセンサスだった。リベラル左派の知識人たちも、北大西洋条約機構（NATO）を軸にした軍事同盟関係の強化や、コカ・コーラに象徴される露骨な商業主義の流入といった点では〈アメリカ化〉を批判するが、戦前までの〈ドイツ特有の道〉を否定する立場から、西側の（民主主義的）文明に取り込まれること自体はむしろ歓迎するというアンビヴァレントなスタンスを取ってきた。新保守主義者たちは、そうした左右の対米迎合路線によって、ドイツ固有の文化的創造性が衰退し、若者たちは自らがドイツ人であることに自己嫌悪を覚えるようになったと主張する。

ライナー・ツィーテルマン（一九五七年生まれ）、カールハインツ・ヴァイスマン（一九五九年生まれ）等の若手の現代史家たちが出した政治評論集『西側への結合』（一九九三）では、アデナウアーの西側統合政策が全面的に否定されている。ツィーテルマンたちに言わせれば、アデナウアーが東西再統一よりも西側統合を優先させることを無条件に前提にしていたため、（西）ドイツは西側の中で主体性を失い、米国の言いなりになって来た。歴史的に見てドイツは、英・仏などの西欧文化圏とも、スラブ民族を中心とする東欧文化圏とも異なる中欧（ミッテルオイローパ）文化圏の中核に位置しており、冷戦時代においても東西の架け橋として独自の役割を果たすことができたはずだが、アデナウアーはそのチャンスを見逃した。国民国家が復活した今こそ、脱・西欧化し、中欧国家として独自の道を歩んで行こうというわけだ。無論、「東西の架け橋」というのは後から取って付けたレトリックであり、ツィーテルマンたちがそうした歴史的可能性を本気で信じているかどうかさえ疑わしいが、反米・反ソ（露）という形のいかにも右翼的な歴史観を掲げるのを避けて、「東西のいずれにも属さない仲介役」というソフトなイメージを出している点は非常に狡猾である。八九年以前にはギュンター・グラス等の左派知識人たちが（全く異なった意味においてではあるが）、「東西のいずれにも属さない第三の道」を標榜していた。ツィーテルマンたちはその論理を巧みに自らの側にとりこんでいるわけだ。

六八年世代と八九年世代

グラス、ハーバマス、ヴェーラーを代表格とするリベラル左派のインテリたちは、六八年の学生蜂起（日本の全共闘運動に相当する）を機に影響力を拡大したことから六八年世代と呼ばれているが、これに対してツィーテルマン、ヴァイスマン等の新保守主義的インテリは自らを八九年世代と呼んでいる。『フォリン・アフェアーズ』誌の九六年一一・一二月号でジェーコブ・ヘイルブルンが指摘しているように、八九年世代はかなり意識的に六八年世代の戦略を真似ている。

六八年世代は、『ツァイト』や『シュピーゲル』といった有力メディア、大学、SPDなどに人脈を拡大し、発言する機会を増やしていったが、これとパラレルに、八九年世代のツィーテルマンはCDU寄りとされる『ヴェルト』紙の論説委員を務めており、ディーター・シュタイン（六七年生まれ）は大学生・若者向けの思想的新聞『ユンゲ・フライハイト（若き自由）』を創設し、編集長を務めている。『フランクフルター・アルゲマイネ』の共同発行人フランク・シルマッハー（五九生まれ）も彼らに近いスタンスを取っている。六八年世代が、復古主義的な体質の戦前世代の知識人による「全体主義的支配体制」を解体する革命を呼びかけたように、八九年世代は、大学やマス・メディアにおける六八年世代の左翼専制支配を打倒する（新保守主義）革命をアピールする。六八年世代の中にも、かつてドイツ共産党のシンパだった作家のマルティン・ヴァルザーなど、現状に対応でき

ライナー・ツィーテルマン

ない左翼リベラリズムの硬直化に失望し、八九年世代に同調し始めているものが多い。八九年世代は六八年世代が使った戦略を踏襲しながら、これまで左に集まっていた社会的フラストレーション、革命へのエネルギーを右に引き付けているのである。

保守系ジャーナリストのハイモ・シュヴィルク（五二年生まれ）と旧東独出身の作家ウルリッヒ・シャハト（五一年生まれ）が編集した論文集『自覚せる国民』（一九九四）は、政治・歴史・文学・芸術など、さまざまな分野を横断する新保守主義思想のマニフェストの書として物議をかもした。

この本の序説で編者たちは、国民としての自覚、自信の回復をうながす自分たちの主張が、過去の過ちを正当化するものではないことを強調するため次のように述べている。「しかしドイツの自信は断絶してしまった。それには悪しき理由がある。ドイツのアイデンティティーをめぐるあらゆる熟考は、この悪しき理由のことを、ドイツが自ら冒した――永続するものではなく、一過的な性質の――過ちの帰結として意識しなければならない。しかしながら、それについての記憶を単に繰り返すこと、つまり、それを二度と繰り返さないようにするためだと言って、歴史的な過ちのことを修辞的に長々と言い続けるだけでは、何の解決にもならない。我々ドイツ人が――確固とした尺度を求める形而上学的欲求を尺度を知らぬ支配願望へと貶めてしまった――自己に固有のものから生れた深刻な過ちを知るということは、むしろ、より深い知へと繋がっていくはずである。そのより深い知とは、後から取って付けた知ったかぶりの対極にあり、従って、より説得力のある自己浄化の形態を与えてくれる」。

これは、国民国家としてのドイツの歴史をナチズムに繋がるものとしてトータルに否定する（かのように見える）リベラル左派の議論の弱点を突いた論法だ。六八年世代は、ドイツ・ロマン派から始まってワーグナー、ニーチェ、ゲオルゲを経てハイデガーやユンガーへと繋がっていく、いわゆる反近代的・非合理主義的思想の系譜をナチズムの温床として敵視し、啓蒙的合理主義の立場からそうした〈ドイツ性＝自己に固有のもの〉と対決することを自らの使命としてきた。『自覚せる国民』の共著者たちも、自己の根源として〈形而上学的なもの〉を求めようとするドイツ的な思考が道を誤って、ナチス的な支配願望へと変質してしまったことは認める。

しかし、かといって、ドイツ文化の根底にある〈固有のもの〉を消滅させることは不可能である。ナチスの犯罪を持ち出してそれを封じ込めようという左翼知識人の論理は為にする批判であって、いつまで経っても埒があかない。歴史的な過ちを視野に入れたうえで、〈固有なもの〉のポジティブな側面を救い出していく方が健全なアイデンティティーを育てることに通じるのではないか、というわけだ。この論法にはそれなりの説得力がある。

実際に八九年世代が過去の負の遺産を相対化せず、正面から見据えているかというと、筆者にはかなり怪しく思われるが、少なくとも、〈固有なもの〉の歴史が全体主義へと陥ったことを、表面的であるにせよ、認めている点で、日本の自由主義史観よりは遥かに高度な戦術だ。八九年世代はこの点で、ネオ・ナチやアウシュヴィッツ否定論者といった暗いイメージのある右翼とは一線を画している。

この本の二八人の顔触れは非常に多彩である。歴史家としては『西側への結合』の編者であるツィーテルマン、ヴァイスマンの他、彼等の同世代の若手数名が名を連ねており、それに彼らの学問上の師で、ホロコーストを〈歴史化〉すべきだと主張して歴史家論争の発端を作り出したエルンスト・ノルテが加わっている。政治家としては、バイエルン州議会議員で、CSU最右派として過激な発言を繰り返すガウヴァイラーが入っている。こうしたラディカルな右派と目される面々とならんで、新東方外交で（旧）東ドイツとの国交を回復したブラント元首相（SPD）の未亡人ブリギッテ・ゼーバッハー・ブラント、イスラエル生まれのドイツ系ユダヤ人で、ドイツ・イスラエル間の歴史政策を論じた『ホロコーストの罪と罰』（講談社現代新書）の著者として日本でも知られているミヒャエル・ヴォルフゾーン連邦防衛大学教授、元共産主義者でドイツ赤軍派のリーダーと結婚していた評論家のクラウス・ライナー・レール、旧東独の市民運動グループを母体とする「九〇年連合」の創設者の一人であるヴォルフガング・テンプリン、といった右翼のイメージからほど遠い、むしろリベラルで通りそうな人々が名を連ねている。文学者・思想家・芸術家では、E・T・A・ホフマンやハイデガーの研究書で有名な思想家・ジャーナリストのザフランスキー、ベルリン自由大学の哲学研究所教授ラインハルト・マウラー、「破壊と虚無」を基調とする美的終末論のイメージでヒトラーを描き出した映画『ヒトラー』で話題を呼んだ映画監督ハンス＝ユルゲン・ジーバーベルク、現代的風景の中に太古的・神話的なモチーフを浮かび上がらせる独特の手法で知られ、現在ドイツで最もポピュラーな劇作家ボートー・シュトラウス等が執筆している。ジーバーベルクやシュトラウスは、通常は右翼というより、ドイツにおけるポスト・モダニズム芸術の旗手として知られている。この顔触れを見て分かるように、八九年世代は、ノルテのような旧来の保守主義者に加えて、ドイツの外交的主体性を重視するリベラル派、旧東独の反体制市民運動家・牧師、ポスト・モダニズムの思想家・芸術家など、六八年世代の主張と対立する全ての勢力を「(ホロコーストを含めた)共通の記憶に基づく共同体(国民)の復権」という共通分母の下に包摂して行く戦略を取っていることがわかる。

〈聖なるもの〉への欲求

当然、「国民としての自覚が必要だ」と主張する彼らの語り口も多様である。ヴォルフゾーンは「非ドイツ人」の立場から、九〇年から九三年にかけての社会的・経済的混乱の中でドイツ人の自信が失墜し、それに比例して外国人に対する嫌悪・暴力が増大していると指摘、「自らの人格・国民性を受け入れることのできないものは、自分の環境も受け入れることができない。そういう国民意識の提唱者に意地悪な言葉を浴びせかける者は、故意にではないにせよ、しかし極めて効果的に、外国人敵対者や反ユダヤ主義者たちのゲームに参加することになるのだ」と述べている。リベラル左派が(対外的な攻撃性のないものまで含めて)一切の〈国民意識〉を公共の場から締め出そうとすれば、かえってそれに反発する勢力としてのネオ・ナチや外国人排斥論者を増長させることになるというわけだ。

ジーバーベルクは芸術家として、戦後ドイツには芸術創作の原理としての〈(民族に)固有なもの〉

ミヒャエル・ヴォルフゾーン

が欠如していると嘆いてみせる。「ヒトラー以前にはそれ（固有なもの）は、傑出した人々によって次のように定義された。即ち、事物の内的形態と特徴にまなざしを向け、自己に特有なものを通して深層に達しようとするモルフォロジカル（形態発生論的）な思考の形を取った意志なのである。ここには、マージナルな陳腐さに刺激を見出だす戦後美学のミニマリズム、美的なものの政治化、此岸のユートピアを故郷にしようという態度とは異なった響きがあるし、芸術は永続し、革命的でなければならないとする――それは東側の専売特許ではない――社会的進歩のカテゴリーとも異なった響きがある」。ジーバーベルクは、ゲーテの言う〈デーモーニッシュ（悪魔的）なもの〉のように、われわれの生を根底から揺り動かし、存在の深層へと到達していく神秘的な力がドイツ文化に再来することを願っているようだ。

『自覚せる国民』の執筆陣の内で必ずしもハードライナーのナショナリストでない人たちの文章を見ていると、ある一定の傾向が現れているように思われる。それは、現実的な日常性の彼岸に、「全て」を支える根源的なものを求めようとする（ドイツ民族に特有の（?））形而上学的な傾向である。いわゆる、ロマン主義的な〈無限への憧れ〉である。戦前のドイツの非合理主義的思想・文学では、〈国民（ナチオーン）〉とは、そうしたロマン主義的な憧れが最終的に辿り着く、魂の〈故郷〉として表象されていた。新保守主義にシンパシーを示す知識人の多くは、ロマン主義的なユートピア志向が、リベラル左派から「ナチズムの土壌になった悪しき神秘主義」のレッテルのもとに切り捨てら

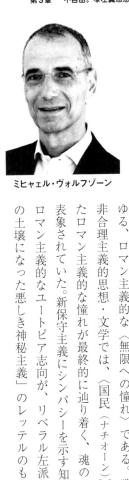

れてきたことにルサンチマンを感じているようだ。

筆者には、根源を求める形而上学的欲求を再び〈国民〉とリンクさせようとする彼らの発想は短絡的だと思える。しかし、そうした形而上学的な欲求がどこかに蓄積されていて、フラストレーションを生んでいるという現実も無視するわけにはいかないだろう。六八年世代は、そうした欲求を頭から否定し、〈根源〉を口にすることを「ハイデガー＝ナチス」に通じる危険な神話的思考としてタブー視し、コミュニケーション的理性の上に構築される（とされる）〈公共性〉の空間から余りにも多くのものを排除して来た。もともとリベラルであるはずの人たちまで、〈中欧における強国ドイツ〉の復活を掲げるツィーテルマンたちの陣営に接近させている原因の一端は、〈理性＝啓蒙主義＝平和／非理性＝神秘主義＝ナチス〉というステレオタイプ化した二項対立図式から抜け出せない既成左翼の頑迷さにあったと言わざるを得ない。

理性主義の限界

ハーバマスは、八九年世代の新保守主義の主張に対して「一部のエリートが声高に叫んでいるだけで、一般国民の間にそれほど反響があるわけではない」と軽視する構えを見せている。最近の彼の発言によれば、公共性の基盤としての国民国家は既に歴史的使命を終えており、人々はグローバル化された多文化社会の市民として新しいアイデンティティーを見出だすようになる、ということだが、筆者には、よくありがちな「老大家の綺麗事」としか思えない。こういう説得力のない言い

ジーバーベルク

方をしている限り、「右」に行ってしまった人たちを取り戻すことはできないだろう。リベラル左派の側に、新保守主義に対抗する新しい思想戦略が生まれていない現状では、ドイツの世論全体が、「欧州統合よりもドイツ独自のナショナル・インタレストを重視すべきだ」という類いの「ナショナル」な言説に引きずられてしまう危険性は多いにある。

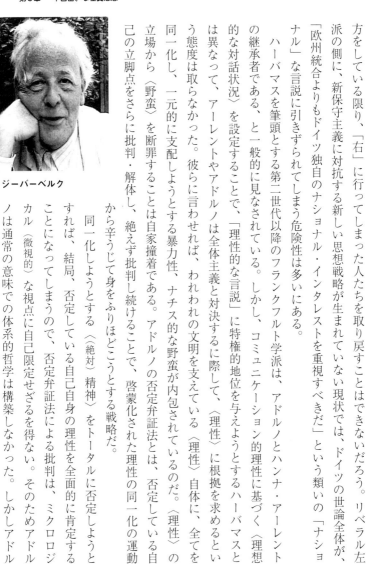

ハーバマスを筆頭とする第二世代以降のフランクフルト学派は、アドルノとハンナ・アーレントの継承者である、と一般的に見なされている。しかし、コミュニケーション的理性に基づく〈理想的な対話状況〉を設定することで、「理性的な言説」に特権的地位を与えようとするハーバマスとは異なって、アーレントやアドルノは全体主義と対決するに際して、〈理性〉に根拠を求めるという態度は取らなかった。彼らに言わせれば、われわれの文明を支えている〈理性〉自体に、全てを同一化し、一元的に支配しようとする暴力性、ナチス的な野蛮が内包されているのだ。〈理性〉の立場から〈野蛮〉を断罪することは自家撞着である。アドルノの否定弁証法とは、否定している自己の立脚点をさらに批判・解体し、絶えず批判し続けることで、啓蒙化された理性の同一化の運動から辛うじて身をふりほどこうとする戦略だ。

同一化しようとする〈(絶対)精神〉をトータルに否定しようとすれば、結局、否定している自己自身の理性を全面的に肯定することになってしまうので、否定弁証法による批判は、ミクロロジカル（微視的）な視点に自己限定せざるを得ない。そのためアドルノは通常の意味での体系的哲学は構築しなかった。しかしアドルノは、〈理性／野蛮〉の二項対立図式に安住しなかったからこそ、ヘルダリン、アイヒェンドルフ、ワーグナー等のいわゆる「非合理主義的」な芸術作品の中にも、同一化の運動から逸脱する〈非同一的〉なファクターを敏感に読み取り、脱構築していくことができたのである。

そうしたアドルノの批判の振幅の広さに比べると、ハーバマス以降の第二世代、第三世代のフランクフルト学派の批判は極めて狭隘化している。ハーバマスのコミュニケーション的理性の議論は（恐らく本人は否定するだろうが）、「理性的言説」のコードに合わないものを「非合理」として排除する傾向を持っている。従って、「理性的」ではないポスト・モダンの言説は必然的に「非合理」ということになる。実際、ハーバマスの影響を強く受けている社会学者・哲学者には、全てのポスト・モダニストは保守的であり、リベラル派の敵だと思い込んでいる人たちが少なくない。

『自覚せる国民』と『膨れ上がる山羊の歌』

『自覚せる国民』の執筆人の中で、リベラル派から「神話的な野蛮」のレッテルを貼られ、敵視されている代表格は、何と言ってもボートー・シュトラウスであろう。四八年生まれの彼は、六八年の「革命」の影響を強く受け、長年にわたって左翼的劇作家として活動していたが、リベラル左派の偽善に反発し、次第に左翼から距離を取るようになった。彼が寄稿した『膨れ上がる山羊の歌』という文章は、もともと九三年二月『シュピーゲル』誌に掲載されたもので、その中でシュトラウスは戦後の左翼リベラリズムが築き上げてきた（と信じている）〈公共性〉の空間が極めて空虚なものであること、ネオ・ナチの台頭やスキンヘッズによる外国人への暴力といった若者の精神状況の荒廃の責任は既成左翼にあることを主張している。この中で彼がアイロニカルな意味で〈新右翼宣言〉を行ったこと、また、タイトルの〈山羊〉というのがスケープ・ゴートを連想させること（〈山羊の歌：ボックスゲザング〉というのはギリシア語の〈トラゲディア：悲劇〉のドイツ語訳である）、彼の文体が通常の（理性的）ドイツ語の規範を無視して錯綜としていることなどが誤解を生み、左派系の知識人・マスコミによる異常と思えるまでの反シュトラウス・キャンペーンが展開されることになった。

六八年世代は、〈新右翼宣言〉を「純粋に政治的な意味」で真に受け、シュトラウスを（階級的利益に対する）裏切り者と思い込んだわけだ。八九年世代の新保守主義者たちは、批判の手法としてのアイロニーを理解できなくなっている六八年世代の頑迷さをうまく利用して、シュトラウスを自分たちの陣営に取り込んだのである。（『自覚せる国民』に掲載されたヴァージョンは、『シュピーゲル』のそれと若干異なっている。）『自覚せる国民』の副タイトルが、『「膨れ上がる山羊の歌」と、ドイツ論争に関するその他の論考』となっており、シュトラウスは別格扱いされている。ツィーテルマン等がシュトラウス論争をうまく利用して「左翼のマス・メディア独占支配に抵抗する知的マイノリティー」を演じようとしているのは明白だ。他の六八年世代の人たちと同様にシュトラウスも、『啓蒙の弁証法』の共著者の一人としてのアドルノに強い影響を受け、自らの思想・芸術観を形成したと言われている。筆者は、ある面では、ハーバマス等よりもシュトラウスの方が、アドルノの思想を正統に受け継いでいるのではないかと考えている。それは、彼が〈文明／野蛮〉の二項対立を認めず、〈われわれの文明〉が野蛮から解放されているわけではないという立場を取っているからである。『膨れ上がる山羊の歌』でシュトラウスは、ネオナチなどに見られる「非文明的」な暴力を、われわれの内に潜んでいる太古的な暴力の残滓だとする見解を示している。

シュトラウスは、フランスの社会学者ルネ・ジラールの『暴力と聖なるもの』（一九七二）の議論に依拠しながら、すべての人間社会はその根底において、原初的な暴力を〈聖なるもの〉へと浄化する〈供儀〉の構造に支えられていると主張する。〈供儀〉の対象である生け贄は、共同体全体の「罪」を背負って、暴力的に殺されねばならない。共同体の罪を引き受ける以上、生け贄（身代わりの山羊）は共同体の内部に属している必要があるが、〈聖性〉を帯びているという点で、他の構成員とは「異なった」ものでなければならない。言わば、共同体内の〈異人〉が生け贄とされたのである。無論、そうした共同体維持のための異人の殺害が実際に何度も行われるわけではなく、神話化された儀礼の中で象徴的に反復されるのである。伝統的な社会は、そのようにして原初的な暴力を処理する神話的機能を備えていたが、近代の啓蒙主義は、見境もなく、すべての神話的なものを根絶しようとしてきた。しかし、暴力衝動自体は決してわれわれの内から消滅することはない。処理しきれず、フラストレーションとして蓄積した暴力はいつしか爆発する。ネオ・ナチの攻撃の対象になっている「外国人」とは、〈異人〉の代理表象体なのだ。〈悲劇＝山羊の歌〉の音が次第に膨れ上がりつつあるが、リベラル左派はそのことに気付かず、理性の代表として偽善的な言辞を弄するばかりだ。だったら、私は「右」の側に立って、「暴力＝聖なるもの」の問題と真っ正面から取り組みながら、芸術活動を続けていこう、というわけだ。これを、単なるナショナリズムの言説と解するのは早計だろう。

『理性VS野蛮』の二項図式をこえて

ドイツのリベラル左派は、シュトラウスの挑発をきちんと受けとめるべきだった、と筆者は考える。たしかに、『シュピーゲル』のような一般向けの総合誌で「右翼宣言」したり、『自覚せる国民』への転載を許したりした点で、シュトラウスが自ら誤解を招いた点は否めない。外国人排斥問題を、供儀という人類学的スケールで解釈する論法にも疑問の余地がないわけではない。しかし、自分たちに向かって発せられているメッセージの本当の意味を汲み取れないで、見当はずれな反シュトラウス・キャンペーンに加わった六八年世代の知識人たちもまともではない。

筆者は、九五年の秋から約一年間ドイツに留学していたが、その間にドレースデン大学の文学部助手で、ツィーテルマンとほぼ同年齢の旧西ドイツ出身の友人と、シュトラウス問題について話し合ったことがある。緑の党の党員で、「左翼」を自認している彼は、最初、「シュトラウスは危険だ」と言っていたが、筆者が〈文明／野蛮〉の二項対立図式の硬直化の問題に言及すると、「その点は左翼の側でも反省しなければならない」と理解を示してくれた。そのことがきっかけとなって、シュトラウス問題を材料にして、日独の政治文化を比較するカルチュラル・スタディーズ系の論文を共同執筆することになった。

ボートー・シュトラウス

彼は、シュトラウスの右翼宣言や難解な文体には依然として拒否感を抱いているが、問題提起の重要さは十分に認識している。しかし、彼がこの論文を、四五年生まれの典型的な六八年世代のある教授に見せた所、のっけから「シュトラウスなんて大学人が読むものじゃない」という予想通りの反応が返ってきたということだ。このちょっとしたエピソードは、ドイツの左翼知識人たちが置かれている状況を端的に反映しているのではないかと思う。

八九年世代に年齢的に近い層には、〈左／右〉の対立軸に固執せず、個別の問題においては党派の枠を越えて、「右」側のリベラルな人達と協力することも厭わない人達がかなりいるが、指導的な立場にある六八年世代には〈理性＝左／野蛮＝右〉の境界線を死守しようとする傾向が依然として強い。筆者は、ドイツのリベラル左派がシュトラウスの議論をそのまま受け入れたらいいと思っているわけではない。しかし左派の陣営が、シュトラウスによって提起された「われわれの意識の深層に潜む〈聖なるもの〉を求める欲望をどう処理するのか」という問いの重要さに気付き、それに答えようとしない限り、ドイツ固有のナショナル・インタレストの追求を主張する新保守主義の浸透を食い止めることはできないだろう。もちろん、これは日本の左翼リベラリズムについてもそのまま当てはまることだ。

（一九九七年九月）

＊12　一九九九年、NATO軍による航空攻撃。ドイツ空軍も、第二次世界大戦後、初めて戦闘に参加した。

＊13　ドイツでは、戦後一貫して海外への派兵はNATOの域内に留めるという基本法が順守されてきたが、一九九〇年の湾岸戦争の際、資金提供しかしなかったという批判を受けたことなどから、その後、基本法の解釈変更を行い、NATO域外にも派兵を可能にした。

2 大きな物語も小さな物語も終わった

左転回はじめたポスト・モダニスト

――近著『ポスト・モダンの左旋回』（二〇〇二）のテーマから話してください。

★今までポスト・モダニズムの論客として知られていた人たちの中に、ここ四～五年間くらい、急速に左翼的な場面で発言するようになった人たちがたくさんいます。

有名なところから挙げていくと、高橋哲哉さん・小森陽一さん・柄谷行人さん・浅田彰さん（以下、敬称略）。それぞれ領域は違っているのですが、今まで言ってきたことからすると、必ずしも整合性がないような形で――本人にとっては整合性があるのかもしれませんが、何か急激に政治的になっていく風潮があります。

これに対して左翼の論客たちは、「どうせポスト・モダニストの言うことはロクなものじゃない」と頭から拒否する人もいれば、逆にやたらと頭が柔らかくなりすぎて、「ポスト・モダニストが政治のことを語ってくれるのはいいことだ、三〇年前の再来だ」と安易に喜ぶ人もいて、何か妙に両極に分かれている。これはあまり真っ当な状況ではない。

どうしてポスト・モダニストたちが、左の方から発言しないといけなくなってきたのか。ポスト・モダニストと言われる人たちは、自分たちの左旋回の理由をいろいろ挙げています。一番よく聞くのが「情勢が変わった」というやつです。「情勢が変わった」というのは、おそらくこういうことでしょう。実在する社会主義が崩壊し、反体制的な言説を言う人たちがいなくなった。それで自分たちがかわりに体制批判をするんだと。

はっきり言って日本のポスト・モダニストで、これ以上きちんとした理由を言っている人はいないと思います。これに対して、デリダあたりだと、自分の「左旋回」の理由についてきちんと語っています。その内容は『ポスト・モダンの左旋回』を読んでもらうとして、デリダの話が出たついでに、「エクリチュールによるパロールの支配」というデリダの分析に即して日本のポスト・モダンの左転回を批判していきましょう。

――何か難しそうですね。

★ポイントはすごく簡単です。むしろ左翼運動をやってきた人はよく分かると思います。左翼の人々はよく「生きた言葉」という言い方をします。「現場の生の声」とか、新左翼になればなるほど、「生の、生の」といいます。

しかし「生の言葉」と言っても、生に生きている人間はいろいろなことをしゃべっている。別に「革命の言説」ばかりをしゃべっているわけではない。むしろそれはごく一部でしょう。いわゆる疎外意識を持っていない人でも、そういうつもりで聞けばそういうこともしゃべってくれます。それを聞いた方が「生きた言葉」だと言っているだけのことです。

左翼の人々に特有の決まったコードがあって、そのコードにあったものだけが「生きた言葉」だと、特定の左翼集団の中だけで再現前化＝リプレゼント（represent）される。リプレゼントという言葉は、表象＝再現前化とよく訳されますが、「代表」ないし「代弁」と訳しても全然問題ありません。いわゆる代弁主義というのは、まさに代表＝表象の問題なんです。

どんなに「生き生きとした言葉」などと言っても、結局のところ「意味の連関」を与えられていないと、言葉としてまったく生きてこない。そういう文脈の中で自分が生きてきたから、「これは生きている言葉だ」と感じる。それ抜きで「生きている言葉」なんてあり得ません。

このことは、吉本隆明なんかもちゃんと説いていたはずなんですがね。なんだかそれが、単純に「庶民を知れ」というレベルになってしまうと、余計おかしなことになる。いわゆる庶民なんて、言葉の中にしかいないものです。もし、庶民性とか日常性という言葉が意味をもつとすれば、それは自分が対抗している相手の、庶民性や日常性の欠如を批判するときだけです。そうではない庶民性一般だとか、日常性一般なんでいうのは、自己正当化の論理でしかありません。

他者の痛みが本当にわかるか

政治的に言うとそういうことなのですが、もうちょっと抽象的・哲学的に言うと次のようになります。「私がこういうふうに思考している」という事実は絶対に確実な事実である。普通デカルト以降の近代哲学はそこから出発します。

しかし「自分が考えている」と言っても、そのときの自分の言葉は、やっぱりどこかから与えられた言葉なんです。日本語なり英語なりドイツ語なり、私たちは人からもらった言葉でパターン化して認識し、「私はこう考えている」と考えているわけです。つまり私たちの「自我」は、記号の媒介性を通じて自分自身の中で再現前化されている。

キリスト教には、「聖書は、死んだ文字ではなくて生きた言葉だ」と繰り返し説いてきた歴史があります。

デリダ的に考えれば、「生きた言葉」というのは、実はこうしたキリスト教的伝統からきている。けれども、イエスが語った言葉を知っている人は、原初キリスト教会においてもほとんどいない。死んだ文字＝エクリチュールによって再現前化された「生きた言葉」でしかないのです。それを「生きた言葉」と言うことの矛盾は、キリスト教をやっている人間だったら、しみこんでいるはずです。

キリスト教圏に起源を持つマルクス主義は、そうした矛盾には無自覚なままに「生きた言葉」という言い方だけを継承した。日本のマルクス主義者はおそらくそれを無意識的に輸入したのでしょう。それが今やマルクス主義者ではない人、自分では右翼的だと思っている人間でさえ、「生きた言葉」とかと言い出すようになっている。

デリダは、そういう意味でエクリチュールの問題にしつこくこだわっています。デリダは、生きた言葉なんてことを語ることがいかに不毛で、場合によっては非常に危険なことをちゃんと知っていました。だから、そう簡単に「生きた言葉」なんて言えなかった。

　ところが日本でデリダを研究してきた人たち、例えば高橋哲哉のような人は、デリダに関する著作の中ではそうしたことをきちんと解説しているにもかかわらず、自分が例えば「従軍慰安婦」問題について発言する段になると、なんかやたらとナイーブになって、素朴に「代弁」してしまう。でもマイノリティの女性たちの言葉をきちんと代弁することなんてできるのか。「私はそんなことがあったなんて知らなかった。聞いてショックを受けた」というような、「よくある素朴な語り口」は、率直に言って大ッ嫌いなんです。「聞いてショックを受けた」なんていくら言っても、それで自分に何ができるのか。できることは限られているわけでしょう。それこそ自分の全財産を投げ捨てて、宗教的な行者みたいな生活でもしない限り、本当の意味で「応答」することはできないはずなんです。「無限な応答＝責任がある」なんて本気で言うのだったら、そこまで行かなければならない。哲学者として発言するのならば、そこのところをもう少し考えて発言する必要があるんじゃないか。

　高橋哲哉が呼ばれて話をするのは、だいたい普通の左翼団体みたいなところです。あんまり難しいことを言っても駄目でしょうから、お涙頂戴で「同情しましょう」と言ってしまうのでしょう。しかし、哲学者や批評家としてそういう言い方をするのは、ちょっとおかしいと思う。

　自分が活動家になったつもりで言うんだったらいいんです。でも、そのつもりがないのなら、そういう言い方はすべきではない。むしろ哲学者や批評家ならば、「他者の声をきくというのはどういうことか、ちゃんと考えてみましょう。他者の声なんて本当に聞けるんでしょうか」と問題提起すべきだ。

そういう言い方をすると、間違いなく嫌がられますがね。「それは他人の痛みが分からない人間の言うことだ」といって会場から怒鳴る人がいたりする。僕だったら、「自分の痛みは自分の痛み。他人の痛みは分からない。そんなことくらい分からないのか」と怒鳴り返します。ポスト・モダンとかと言うのなら、そういう態度をとるべきなのではないか。それがこの本を書いてみたいと思った一番最初の動機なんです。

救世主に立候補した柄谷行人

――本の方では柄谷行人のNAMに対する批判が中心ですね。

★ええ、かなりしつこく書きました。柄谷行人について一番反発を感じたのは、NAMを立ち上げるちょっと前に、『週刊読書人』に「私はアソシエ21のメンバーに何人か会ったけれども、あれは古い左翼がブント系の時の運動の夢を再現しようとしている」と書いていたことです。それを読んで「柄谷はいったい誰のことを言っているんだ」と思いましたね。

話を聞いてみるとどうも柄谷は、僕なんかもそうですが五〇歳以下の会員の話はほとんど聞かないで、アソシエ21の中でも特に古い、昔有名だった左翼の人とだけ話をして、「ああ、これは古いんだ」と決めたらしいんです。いかにも昔っからいる偉そうな「左翼の爺さん」ばかりと話をすれば、「昔話」になるのは当たり前です。

この本の第二章で「マルクスと自然の鏡」という言い方をしましたが、はっきり言って皮肉です。

つまり柄谷自身が古い左翼のイメージを持っているから、そのイメージをアソシエ21に反映させて見てしまう。おそらく柄谷は、左翼というのはプラカードを持ってデモ行進して、権力を奪取するといったイメージしか持っていない。そういうイメージの中で、もう一度左っぽいことを急に言い始めたわけです。

しかし柄谷が言っていたことからすると、「資本主義というのは自己差異化する差異の体系」なわけでしょう。『マルクス　その可能性の中心』の中で柄谷は、資本を操っている主体といった話は、極力しないようにしていた。どこかのセクトが今でも言っているような、大ブルジョアジーだとか、国家独占資本家といった話は全く出てきません。

ところがなぜかその柄谷が、例の『可能なるコミュニズム』あたりから、急に「抵抗の主体」ということを言いはじめる。労働者は生産の場においては抵抗の主体に立てないけれども、消費の場においては主体に立てる可能性があるんじゃないかと。「これはすごい」と言っている人がいますが、論理的に考えて全然説得力がない。

人が労働の場、生産の場において抵抗の主体として立てないのなら、どうして消費の場だったら立てるのか。単純に考えて、モノを買う場合には、こっちの方がお客様になるから「立てる」くらいのことしか考えられない。

そもそも柄谷が言ってきたように、資本主義というものは記号化・自己差異化された存在で、独占資本家といった特定の主体がコントロールしているわけではないのなら、それに対してケンカを売るというのは、非常に馬鹿げた話です。台風に対して立ちはだかっているようなものでしょう。

「抵抗する」こと自体には意味があると思う。しかし資本主義が記号の体系だとするならば、記号の差異化というものを特定の方向に誘導するなんて、そもそも人為的に可能なのか。そのことをちゃんと突き詰めて考えてみる必要がある。

ところが柄谷は、近著の『トランスクリティーク』（二〇〇一、批評空間）を見ても、一方においては自己差異化する差異の体系の話をまだやっていて、その一方でそれを超えて運動する抵抗の主体という話をしている。記号が勝手に運動している速度を超えて人間が抵抗するというのはあまりに説得力がなさすぎる。あれで納得できる方がおかしいんじゃないか。

何か困っていることがあるから「抵抗」するというのなら、この本でもプラグマティズムの話をしましたが、もうちょっとプラグマティズム的な態度をとるべきです。ところが柄谷は自分はひとつの大きな真理・大法則を解明した、だから、その法則を逆手にとって実践するんだという態度を取る。でもそうした議論というのは、必然的に目的論的になり、自分が救世主のようになってしまう。その結果、他人に多大な迷惑をかけてきたのがコミュニズムの歴史だったんじゃないか。

学者や知識人に、「大法則や真理を言って欲しい」と要望をする人は世の中にはけっこういます。けれども、そんなことをいちいち聞いていちゃダメです。それでは本当の意味での〝主体性〟は育たない。

実は僕は、柄谷こそそう言うべきだと思っていました。ところがいつまでたってもそういう言い方をしようとしない。むしろ逆に、自分は現代思想のすべての蓄積をもって語るというふうな態度を取る。自分はポスト・モダニズムとマルクス主義の両方の頂点に立って語っている。まさに柄谷が最終審級になって語っている。いずれにしても柄谷の「NAM原理」みたいに大上段に語るのは、もうそろそろ終わりにすべきだ。

マイノリティを代弁するという欺瞞

――最後の章では、「大きな物語と小さな物語」について論じていますね。

★そもそも「大きな物語」というのはリオタールの言い方です。これはよく言われる話なんですが、history という言葉自体が今の意味を持ち始めたのは一八世紀からで、シェークスピアの時代頃だと、history と story の区別はついていなかった。一七世紀には、ほぼ同じような意味で使われています。history と story、語源は同じギリシア語の「ヒストレイン（語る）」からきていて、もともとどっちも同じ言葉だったのです。

それが一八世紀になって「客観的な歴史なるもの」があるとなった。それは「物語」とは違う特別なもので真理性があるんだと。そこから歴史は唯一の真理とされていった。これをカントとヘーゲルが理論化し、その大前提自体はマルクスも受け継いでいるわけです。

それに対してリオタールは、歴史というのは世界全体を説明している壮大なものだけれども、それは「大きい」だけでやっぱり物語じゃないかと言った。その「壮大な物語」が歴史に見えるのは、歴史＝物語に参加している人間が、完全にその物語の一部になっていて、自分の言動が歴史＝物語と連動していると思っているからです。そう思っていれば、その物語は本人にとってリアルであり、

「歴史」でいいわけです。

ところが、歴史というのは、やはり物語性を持っているという事実が暴露されてしまった。その一番の実例にマルクス主義がなってしまったわけです。マルクス主義も、三〇年前には結構リアルだったんだと思う。ところが、今から考えたら何で人々がマルクス主義を信じていたのか分からない。自然弁証法なんて、もはやかなりゴリゴリのマルクス主義者でも信じていない。今、無理にマルクス主義にこだわっているとすれば、労働価値説くらいでしょう。しかし投下労働価値説という一番単純なやつを信じている人はもうあまりいません。マルクス主義という「大きな物語」は崩壊したわけです。

フーコー以降、問題になってきたのは、つまりは言説の問題だった。「客観性」というのは実は言説によって作り上げられている。それはさっき言ったデリダの話にもつながっています。言説によって多くの権力作用が生じているのであって、その言説を超えた究極の記憶みたいなものが、何か実体的にあるわけではない。だから、その言説の構造（言説）を実践的に変えていくしかない。それが元々の「小さな物語」の話だったんです。

ところがこの「小さな物語」の方も、特に日本の場合、かなりねじれてしまった。つまり、「内（ウチ）の集団で扱っている問題こそがリアルなんだ」という「生きた言葉」路線へと、何だか妙に変な方向に進んでいってしまった。

少数民族や性的マイノリティ、それから被差別部落、精神障害者の問題等々、「うちのところの話は、他人にいくら言ってもよく分からんはずだ」と押し通す。分かった顔をしている人に対して、

「分かってない」というのは意味があります。けれども、「分かっとらん」ということを言い続けたところで意味がない。自分では当事者だと思っていない人間が「代弁」してみたりするのは、もっと意味がない。

マイノリティには他人に知られない苦しみがある。それは確かにそうでしょう。ところが、「小さい物語」をやり始めた人たちは、とにかくマイノリティの言説に妙にこだわって、自分たちがそれを伝えるということを特権化してしまう。

宮台真司が最初にテレビに出てしゃべった時のあのしゃべり方というのは、いかにも東大の社会学科のしゃべり方といいますか、左翼ぶっているぼっちゃん東大生の口調で、聞いていて気分が悪かった。

誰かに責められるとすぐに「君、現実を知らないだろ？　僕はフィールドワークをやって、そういう人たちと話をして分かってるんだよ」っていう。そういう宮台的な態度というのは、一番典型的な「小さな物語」の左翼知識人がやりそうなことなんです。最近は宮台もそんなに露骨にはやっていないようですね。でも宮台に憧れ、「第二の宮台」になろうとしているようなタイプは増えています。

僕にも、「お前も宮台みたいなことをやれ。ウケるようになれ」と言ってくる人がいます。しかし、そうした「小さな物語」を代弁するのが社会正義に適っていると発想をするのは、非常におかしい。僕は一貫してそう言い続けてきたつもりです。

――大きな物語、小さな物語といった問題は、欧米にも存在する問題なのですか。

★欧米でも、だいたい同じような傾向になっているようですね。ただし日本と違うのは、昨年と今年アソシエ21で招いたドゥルシラ・コーネルやナンシー・フレイザーといった小さな物語を批判する研究者がいて、ある程度支持を受けているところです。
日本では、大きな物語（既成マルクス主義）が崩壊した後、なんか雰囲気でみんな小さな物語に行ってしまった。その小さな物語をやっている人間を、こんどはどっかの大きな左翼が利用しようとする。日本の爺さん左翼は、小さな物語をやっている連中をわりと好む傾向があるんですよ。理由ははっきりしています。例えば宇野経済学の人間は、マイノリティ問題をやっている人間なんかと話が合うわけがありません。でも、マイノリティの問題をやっている人は経済のことなんかわからないから、一番肝心なところに文句はつけてこないと思っているわけ。それで補完勢力と見なせるらしい（笑）。

大きな物語と小さな物語の人々が共存し、妙に癒着しているところが、なんとも日本的だと思いますね。欧米の左翼は、文化系と経済系、小さな物語と大きな物語の両陣営に分かれて論争しているのに。

――論争の中身はどんなものなんですか。
★小さな物語批判の論客の一人で、先ほども名前を挙げたドゥルシラ・コーネルは、イマジナリーな領域に対する権利という話をしていました。「イマジナリーな領域に対する権利」という言い方をすると、従来の左翼的な発想をする人は現実に苦しんでいる人がいるとかとすぐに言いたがる。でも、そんなことは百も承知で言っているのです。

イマジナリーな領域とはどういう概念か。そもそも権利概念というのは、マルクス主義も含めてカント以来全て権利主体は自分がどうしてほしいのか分かっているという前提で議論してきました。コーネルは、それがまずだめだと言う。

マイノリティ運動をやる人は、マイノリティとしての自覚を持つべきだという言い方をします。部落に生まれたら部落民としての自覚を持つべきだとか、在日の人は在日の自覚を持つべきだとか。しかしどんなマイノリティ問題でも、必ずしも本人がそのマイノリティを選んだわけではありません。それなのに、いや、お前はこのマイノリティのはずなんだと言われてしまうと、その人はマイノリティのなかで、さらにはずれることになってしまう。

どういうアイデンティティを持つかはその人が自分で決めることです。普通の日本人になりきりたいと思っている人もいるかもしれない。そう思っているのに、横からいやあなたは日本社会に毒されているだけだなんて言うのは、本当に大きなお世話なんです。

私たちが訳した『自由のハートで』（二〇〇一、情況出版）でドゥルシラ・コーネルが例としているのは、売春をやっている有色人種の女性の話です。その女性は、麻薬中毒でもあるのですが、自分ではそういう生活を辞めたいと思っている。でも辞められない。彼女は子どもの頃、お母さんがシングル・マザーで、おじいさんと同居していた。ところが、そのおじいさんに近親相姦を強要されていた。嫌だったんだけれども、その時おじいさんは、必ずあめ玉をくれた。それが快感で、自分のアイデンティティのパターンになってしまったというんです。思い出すと自分がこういう生活をしているのは、それを引っ張っているんだろうという。

この女性のケースでは非常に顕著なのですが、たいていの人間はそういうネガティブ・アイデンティティを持っています。自分では何かはっきり分からないのだけれども、どっかで歪んだ〝何か〟が自分の中に入ってしまったように感じる。でもだからといって本来の自分というのは、どういう状態なんだと言われると、それは分からない。

この女性にいきなり、売春を辞めさせてまともな生活をさせてやる。だから、お前は本当はどうしたいんだ？　と聞いても、おそらく答えられないでしょう。もちろんどうにかしてあげたいと考えることは必要なんです。けれどもその時あなたはどういう人だ？　自分で決めろとやるのは全然だめですね。むしろ、自分がどういう存在に本来なりたいのかをもう一度自己再想像していくために、そこを権利の領域として考えるべきだとドゥルシラ・コーネルは言うのです。

自分がどういう人間になりたいのか、理想像を完全に持ちきっていない人間に対して、もう一度、選択の余地を与え直すということです。当然、赤ん坊には戻れないし、他人にはどうにもできないこともある。けれども、社会的制度上の障害を取り除くことによって、ある程度もう一度自己再想像＝リイマジネーションすることが可能な領域というものもある。それがイマジナリーな領域に対する権利という考え方です。

ドゥルシラ・コーネル自身は、自分はカント的自由主義者だと言っています。カント的自由主義にいくための前段階として、イマジナリーな領域に対する権利が必要だと主張するのです。

アイデンティティ・ポリティクスの限界

★今年のアソシエ21の総会で講演したナンシー・フレイザーも、ほぼ同じ問題を考えていました。最近の傾向だと、大きい物語＝再配分の話と、小さな物語＝承認の話は両立不可能である、あるいは両立不可能とまではいかなくとも、相互に独立しているかのように語られることが多い。けれども彼女は、そうではなかろうと主張します。

フレイザーは、アイデンティティ問題が問題をややこしくしている、だからそれをステータス、つまり地位の問題に置き換えた方がいいと提案します。アイデンティティというものがその人の本性になってしまうと、社会的な制度のなかでこういう本性を持っている人にはこういう価値があるとパターン化されてしまう。それを変えることの方が大事だと言うのです。

フレイザーが例として言っていたのは、フェミニズムでよく問題になる性器切除の問題です。

アフリカやイスラム圏では女性の性器切除が行われてきました。普通フェミニズムはそれを女性に対する人権の侵害だと反対します。ところが反対運動が効果を発揮するようになると、今度は結婚できない女性が増えてしまう。普通のフェミニストは、そうした逆の影響までは考えていない。あるいは、社会福祉制度で、シングルマザーに対して公的扶助を行うと、あれは、ダメな女だとレッテル貼りされて、シン

ナンシー・フレイザー

グルマザーに対する社会的差別はかえって高まってしまうという現象も見られる。

アイデンティティという言い方をすると、とにかくその人間の個性・集団的属性を認めればいいんだろうという話になりがちです。それよりもむしろ社会的な地位＝ステータスがどのように文化的にコード化されているのか、あくまでも文化的コードによるパターン化の問題として論ずるべきだというのです。アイデンティティの問題として論じられてしまうから、経済の問題と折り合いがつかなくなってしまう。

ナンシー・フレイザーとドゥルシラ・コーネルの両者に共通しているのは、アイデンティティ・ポリティクスはもう限界にきているという観点です。つまり、人間の本性をいったん規定した上で、こういう本性の人には、こういうことがためになるんだというかたちで政治を展開するのは無理がある。

私もそれを問題にしたい。小さい物語ばかりやっている人たちというのは、結局のところこの人たちはこういう人たちなんだから、こういうふうに扱ってやらなきゃだめじゃないかという態度を取る。だがそうした言説こそが、かえって人々を不自由にしているのではないか。

「一般の人に教える」という傲慢

★私に言わせれば、大きな物語の人も小さな物語の人も、どっちも自分は絶対的な社会正義を握っている、お前らは何も分かっていないんだと考えている。左翼啓蒙主義的で、押しつけがましい。

小さい物語の方は左翼啓蒙主義ではないことになっていたのですが、今ではむしろ、小さい物語を押しつける左翼啓蒙主義がはびこっている。

小さな物語は、アイデンティティ・ポリティクス的な面と、自分たちがマイノリティを代弁しているという特権的な態度を捨てなければ、もうどうしようもないでしょうね。そういうことを誰かが言わなければならない。

ある学会の席上で、七〇歳を過ぎたおばあちゃんの学者さんが、私たち知識人は一般の人たちに現実を教えてあげる使命があるんですと発言したのを耳にしたことがあるのですが、いい加減にせいと心底思いましたね。

学会でアフガニスタンでの戦争に反対する声明を出さなければならないという研究者もいた。まあ別に戦争反対の声明くらい、みんなが合意すれば出してもいいのだろうけれど、どうして学会の名前で出さにゃいかんのか！　別に反戦団体がそういう声明を出したって全然かまわないと思いますよ。アソシエ21も半分くらいそういう団体だから、会員のみんなが同意すれば戦争反対の声明を出してもいいと思う。

けれども、何で学会の名前で声明を出すことにそんなにこだわるのか理解できない。そんなに左翼運動をやりたいのなら、学会の名前なんか別に出す必要はないじゃないですか。もちろんアフガニスタン問題の専門家だったら話は別ですよ。あるいはイスラム学会だとか、一般の人が知りようがない現実を専門家が明らかにするというんだったら、別にいいんです。

ところが、そうじゃない。何で経済史だの社会思想史だのを研究している人間が、イスラムのことなんてほとんど考えたこともない人間ばっかりなのに、こんなときだけ声明を出さなければいけないのか。それこそ一般の人に教えるような立場なんかじゃ全然ないわけです。

革命から暫定的改良へ

――では現実を批判する実践はどういった形で可能なのでしょうか。

★簡単にいうと、哲学、つまり純粋に理論的なレベルでは脱構築的な発想をして、それを応用する時には、プラグマティックにやるしかない。

構造を脱構築し続けていくというのは、確かにやっていけばきりがありません。きりがない話をしていると、気が短くなった人が、何かやれと言い出すわけです。しかし何かやるという話は、脱構築とは別の話です。何かやるときには、暫定的に目標を決めて、プラグマティックにやるべきだ。ただしその場合、暫定的に避けておいた問題は、後でもう一度脱構築しておく必要がある。それを同時並行で進めていくべきというのが僕の考える戦略です。

例えば「従軍慰安婦」の問題だったら、日本政府や日本の支配的な人たちが、元「慰安婦」だった人たちの言っていることを聞いていない。聞く能力がない。それを前提に聞く能力を持とうという運動をする。これは有効だと思います。

だがその一方で、人は人の言うことを本当に聞く能力があるのかという議論も、同時並行的に進めていく必要がある。具体的に聞け、聞けという運動をやっていく一方で、聞く能力というのはそもそもいったい何なんだと考える。同様に、他人の痛みを分かるということはどうなのかと考えてみる。そういう作業が必要だと思うのです。

僕は、この脱構築とプラグマティズム的実践を同時並行的にやるというのは、本来なら高橋哲哉とかがやるべきことだと思っているのです。レヴィナスの他者論などを読むときに、やたらに抽象的なのとやたらと具体的なのがあって、つながらない。脱構築されていく中で新しく見いだしたものを、また具体的な運動の目標の中にフィードバックしていく。これを常に繰り返す。実際にはまどろっこしくて、やりにくいと思いますが、そのやりにくいことをやらざるを得ない。

プラグマティズムの良いところは、最終目標がないところです。最終目標はなくて、出てきた問題に対して常に対処していく。「本質主義的に考えない」のがプラグマティズムです。問題の本質があってそれを解決しないと何もできないという発想はしません。自分が与えられている文脈の中で、当面の問題をできる限りスムーズに解決していける方法を考えればいい。

例えば、「従軍慰安婦」の問題に絞って言うと、日本政府が補償しない法律上の唯一の理由は、大雑把に言って、戦前の「国家無答責の原則」だけと言っていい。現在の国家賠償法は、戦前の国家がやったことに対しては及ばない。あの当時の国家というのは無答責だったはずだと。戦前の国家の責任をいったん認めると、明治時代に国家がやったことも全部賠償しないといけなくなるから、大変なことになる。「絶対に謝りたくない」とイデオロギー的に思っている政治家も確かにいます。けれども、法律レベルで問題になっているのはそこだけなんです。だから、国家無答責の原則を「従軍慰安婦」問題に対しては特例的に除外しろというような運動をしてもいいのではないかという気がするんです。

こういうことを言うと、頭の固い左翼の人は「それは妥協じゃないか」と言うんです。妥協でもいいじゃないか、もし一点突破ができるのだったら。一番根本的なところまで遡って、「日本を牛耳っている右翼勢力は、絶対帝国主義の侵略を認めようとはしない。それが問題なんだ」なんて言い続けていたって、何にもなりゃしないと思いますね。

いまこうした発想に立って「並行処理」して考えなくてはいけないことがたくさんある。とにかく大上段に振りかぶって、「自民党の意図」とか「独占資本家がどうの」とか、あるいは「日本国民の何とか体質が問題だ」とかと、いくら騒いだところで具体的な問題はいっこうに解決されてはいかない。

小さい目標からはじめて、それでどうなるか見てみる。その反応を見て、ではどうしてこんなすぐにできそうなこともダメなのか考えてみる。そして、そうなんだ、実はここにこんな深い問題があったんだと段階的に掘り下げていくべきなんです。いきなり最初からもっと深い問題があるんだという態度じゃダメです。その意味で脱構築と組み合わせていく必要があるのではないか。

（二〇〇二年八月）

3 近代知の超克を訴えた廣松構想のリアリティ

遺言『東亜の新体制を』

戦後日本の最大のマルクス主義哲学者廣松渉（一九三三―一九九四）は、亡くなる直前、一九九四年三月十日付の朝日新聞紙上で、「東北アジアが歴史の主役に：日中を軸に『東亜』の新体制を」という一見〝右翼民族主義〟を思わせるような衝撃的文章を発表した。「五族共和」「八紘一宇」「大東亜共栄圏」といったアジア中心主義的イデオロギーを掲げて、第二次大戦に突入した戦前からの国家体制を打倒することを標榜してきた日本の〝左翼〟にとって、「東亜」というのは「敵」の言葉であった。新旧左翼の陣営から、晩節を汚す「裏切り」ととられかねない危険な発言である。廣松の弟子たちさえ、師がどういうつもりでこういう議論をしているのか、しばらくの間真意を図りかねていたようである。

廣松はそうしたリアクションがあることを十分に意識しながら、以下のように述べている。「東亜共栄圏の思想はかつては右翼の専売特許であった。日本の帝国主義はそのままにして、欧米との対立のみが強調された。だが、今では歴史の舞台が大きく回転している。日中を軸とした東亜の新体制を！　それを制度にした世界の新秩序を！　これが今では、日本資本主義そのものの抜本的な問い直しを含むかたちで、反体制左翼のスローガンになってもよい時期であろう」。

「九四年」というのは、確かに廣松が言うように、右／左の双方にとって、「歴史の舞台の回転」が、否応なく意識された時期である。それまで左翼陣営が、精神的に拠り所にしていたソ連・東欧ブロックが崩壊し、それにすぐ続いて勃発した九〇／九一年の湾岸危機／戦争では、唯一の超大国になった米国が圧倒的勝利を収めた。米国中心の「新世界秩序」が宣言される一方で、旧ソ連、旧ユーゴスラヴィアなどでは、それまで社会主義政権下で抑制されてきた「民族問題」が噴出し始めた。イデオロギーに代わって、「エスニシティ」「文化」「文明」などが国際政治の新たな規定要因として浮上してきた。九三年夏にはサミュエル・ハンチントンが、論文「文明の衝突?」を『フォリン・アフェアーズ』誌上に発表した。西欧文明を「代表」する「米国」が、非西欧的な「他者」たちを〝討伐〟するという構図が次第に形成されてきた。

米国が「文明戦略」を強化していく中で、もともと西欧文明の一員ではなく、敗戦・占領の延長でたまたま西側の同盟国になった日本との関係は、次第に〝微妙な〟ものになっていった。貿易・通商面では、「構造協議」を通じて、日本的な商慣習、流通・雇用システムを西欧の基準に合わせるよう要求し始めた。安全保障面では、アメリカに付いてくるだけではなく、ＰＫＯ活動などで、「同盟国」としての政治的・軍事的責任をより能動的に果たすよう迫ってきた。〝西側〟の一角に留まりたいなら、もっとそれらしく振る舞うことを求められるようになったわけである。

こうした政治・経済の動きに連動して、哲学・思想の領域でも、「資本主義＝自由／社会主義＝平等」という「西欧近代」産の対立軸が次第に後景へと退いた。代わって、西欧の普遍性を歴史化・相対化し、西欧文明が様々な形で抑圧してきた文化的「他者」たちをみつけようとするポストモダンの思想が新たな潮流を形成するようになった。マルクス主義哲学者である廣松の出番は狭まっていたわけだが、見方によっては、(マルクス主義を含む)「近代知」の解体という彼の長年のスローガンがいよいよ現実のものになり始めていたとも言える。

その意味では、米国が代表する「西欧」の普遍主義的な文明戦略に対抗すべく、日本と文化的ルーツを共有する東アジア諸国との連携を強化しようとする廣松の提案には、情況的な必然性があった。フランシス・フクヤマが描いたような、西欧的自由主義の最終的勝利へと帰結していく「歴史」の「終焉＝目的 end」とは異なる〝もう一つの〟「歴史＝物語 story」を構想する必要が生じていた。そうしない限り、世界を一元的に支配しつつある「アメリカ」の文化的呪縛から逃れることはできないからである。

廣松渉

しかし、廣松がこの〝遺言〟を発表した十年前の時点では、右からにしろ左にしろ、日中を軸にした「東亜」が、アメリカに対抗するという考え方にはまだそれほどのリアリティーはなかった。各国の置かれている情況がバラバラで、それぞれがどういう方向に進んでいこうとしているのかあまりにも不透明だったからである。

時代が廣松に追いついた

朝鮮半島には、東西冷戦構造の最大の遺物である南北対立があった。旧ソ連の軍事力を継承し、北東アジアに大きな影響力を持っていたロシアでは、市場経済導入に向けての改革路線が行き詰まっており、西側の一員になろうとしているのか、部分的に社会主義に戻るのかはっきりしないところがあった。天安門事件後の中国も、政治面での共産党指導体制の維持と、経済面での門戸開放・市場経済化を両立させるというソフト・ランディング路線をそのまま続けられるのか、予測し切ることはできなかった。東南アジアでは、内戦を続けてきたカンボジアの統一問題や、経済改革を進めていたヴェトナムとアセアン（東南アジア諸国連合）諸国の関係をめぐる問題が懸案として残されていた。

全般的に、資本主義対社会主義という構図が完全に解体していなかったことが、東アジアがまとまるうえでの障害になっていた。日本、韓国、アセアンなどの旧西側諸国に限ってみても、NATO（北大西洋条約機構）に相当するような集団安全保障機構を持っていたわけでも、EU（欧州同盟）のような形で「共通市場」を形成していたわけでもない、軍事でも政治・経済でも、常に米国が各国との間に個別に条約・協定を結びながら、地域をまとめていたのであって、米国抜きの「横のつながり」はほとんどなかった。米国が東アジア諸国を直接的に結束させるという戦略を取ろうとしなかったことに加え、西側グループで最も経済力のあった日本が、植民地主義・侵略戦争の問題を清算していなかったため、他の国から政治的に信頼されていないということが、「横のつながり」が生まれるのを妨げていたわけである。

そうした状況で、経済的には成功していたけれど人望のない日本と、社会主義の軍事大国として恐れられていた中国を軸とする新たな〝同盟関係〟で、「新世界秩序」を構築しつつあった米国に対抗するというのは、現実的には考えにくかった。露骨な言い方をすると、日本の経済力と、中国の軍事力を結び付ける政治的・思想的バックボーンがなかったのである。保守系の論壇にも、東アジア新時代の可能性をうたい上げるようなムードはあったが、それはあくまでムードに留まった。東アジアにおいて米国が持つ意味があまりにも大きく、日本にとって、日米安保体制を越える新たな同盟関係の枠組みを考えることは、あまりにも観念的・抽象的であった。率直に言って、廣松の議論も、当時の現実からすれば、観念的に先走りしすぎていた。

しかし、この十年間に、東アジアをめぐる国際的環境はかなり変化し、歴史の必然か偶然かは別にして、廣松構想にそれなりのリアリティーが生じてきた。北朝鮮と周辺諸国の間の緊張関係は残っているものの、東アジア諸国同士が本格的な軍事衝突を起こす可能性はかなり低くなった。解放路線を順調に進め急成長を続けた中国は、ＷＴＯ（世界貿易機構）にも加盟し、日本を始めとする東アジア諸国にとって、米国以上に重要な貿易相手になった。各国の経済的な相互依存がかなり強まったせいで、戦争を起こすことが事実上不可能になりつつある。

それと反比例するかのように、盟主としての米国に対する信頼はかなり低下した。九七年のアジア通貨危機を契機として、短期流動性資金によって各国の経済を食い物にする、米国主導のグローバリゼーションに対して、アジア諸国が不信感を抱くようになった。アジア通貨基金を創設して通貨危機に対処しようとした九八年の宮沢構想は実現しなかったが、米国のヘッジファンドなどによって各国経済が混乱させられるのを防ぐには、「通貨」政策の面で東アジア諸国の協力が必要であることは十分認識されるようになった。

安全保障の面でも、特に「九・一一」以降、「無限の正義」や「十字軍」などを口にしながら、「我々の文明の敵」に対して、恣意的に戦争を仕掛ける米国のやり方に対して、各国とも不安を感じ始めている。具体的には、米国が「ならず者国家」である北朝鮮に攻撃を仕掛けた場合、周辺諸国が巻き込まれてしまう可能性がある。西欧文明に属していない東アジア諸国が戦争の巻き添えになることについては、米国はそれほど配慮しないかもしれない。ハンチントンの「文明の衝突」論では、中国を始めとする東アジア諸国の多くは、儒教文明圏に分類されている――日本は、別個に独自の文明圏を形成していることになっている。ハンチントンは、西欧文明に対する当面の敵対者を「イスラム」とみなしているが、イスラムと中国を中心とする儒教文明圏が連合して、西欧に対抗してくる潜在的可能性を示唆している。儒教文明圏とイスラムが繋がる可能性を断つべく、北朝鮮問題などを口実に、米国が軍事介入してくるシナリオも考えられないわけではない。

左右両派の観念性超えて

経済・軍事両面にわたる米国の恣意的な介入を排して、東アジア諸国が更なる発展を遂げていこうとすれば、通貨問題を軸にした地域経済の統合と、米国に依存しない集団安全保障体制の構築が不可欠になってくる。そのためには、これまで西欧的近代化モデルと、社会主義によって「上」から結び付けられていただけで、「横の繋がり」がなかった各国がより自発的に連携していくための新しい「理念」が要請される。そう考えれば、「時代が廣松に追いついてきた」、と言えなくもない。しかし周知のように、「東亜の新秩序」について積極的に語る前に片付けておくべき課題が多々あり、それについて廣松は回答を残してくれなかった。廣松哲学の内にヒントが隠されているかもしれないが、それを見出だすのは、我々の責任である。

第一に、「戦後責任」問題がある。元従軍慰安婦や強制連行された人たちに対して「補償」していないということが、全てではない。個人の受けた被害に対して国が償うべきか否か判断するのは司法の責任であるが、より重要なのは、その背景にある歴史観である。韓国・北朝鮮や中国、フィリピンの人たちが「帝国主義的な植民地支配の歴史」と思っているものを、日本の「自由主義史観」派など右寄りの人たちは、西欧諸国から「アジアを解放するための闘いの歴史」であり、むしろ感謝されてしかるべきと考えている。

マルクス主義的左翼は、（西欧産の歴史哲学である）「唯物史観」の立場から、戦前の帝国主義を肯定する右派と対決するというポーズを取ってきたが、「東アジア」に固有の「歴史」を見出だすには至らなかった。長い間生産力決定論に捕らわれていたため、遅れていたアジア諸国に、西欧列強やいち早く西欧化された日本の帝国主義が押し寄せ、強制的に文明化したという「資本の文明化作用」（マルクス）を前提にしたオリエンタリズム的な見方と明確に決別することができなかったのである。日本国内の右と左が、当事者（＝他の東アジア諸国の人々）不在のまま、観念的に空中戦を続ける一方で、どちらでもない、その他大多数の人たちは、「高校で教えてもらわなかった」などの理由で、東アジア史に関心を持たないという状態が続いている。

西欧諸国や日本の植民地支配下で、東アジア諸国に固有の「文化」が変容し、コロニアル（植民地主義的）な政治・経済・文化構造が形成されてきた過程について、各国が認識を共有できない限り、相互の「信頼」を築くことはできない。近代の西欧諸国は、一七世紀の三十年戦争以来、激烈な戦争を繰り返し、虐殺を行ってきたが、そうした負の要素を多く含んだ「西欧の歴史」についての認識を共有しているおかげで、どういう状況になった時、相手がどういう出方をしてくるのか、ある程度互いの手の内を読むことができる。東西間の緊張緩和の促進剤になった、ＣＳＣＥ（欧州安全保障協力会議）を中心とする各種のＣＢＭ（信頼醸成措置）が可能になったのは、「共通の歴史」があったからだと言うことができる。

それに比べると、「歴史」を共有していない東アジア諸国は、お互いに腹の中で何を考えているのかなかなか読めない。どういう状態になった時に、相手に敵意がないと見なして「信頼」していいのか、手がかりとなるべき歴史的「素材」が決定的にかけている。廣松の後継者を名乗る「脱近代知」派の人々は、東アジア史の空白を埋める努力を――日本の側からの一方的な思い込みにはならないような仕方で――進めていくべきだろう。

京都学派の轍を踏まない

もう一つの大きな課題として、「西欧近代」を克服しようとした戦前の「大東亜共栄圏」の思想が全体主義的な国民総動員の戦争体制へと繋がった原因を徹底的に分析し、その轍を踏まないようにするということがある。「東亜」という〝言葉〟に過敏に反応してしまう従来の左翼のステレオタイプな主張に根拠がないのは確かだが、かつての「アジア主義」が、あまりにも、(その中心となるべき)日本にとって都合の良い発想であり、他の東アジア諸国に対する一方的な押しつけになってしまったのは事実である。

廣松自身が『〈近代の超克〉論』(一九七四―七五)で論じているように、マルクス主義の「疎外」論的に極めて近い視点から「西欧近代」を批判しようとした京都学派や日本浪漫派の知識人たちは、「アジア的なもの＝近代化される以前の(日本の)文化の古層」を掘り返そうとして、超国家的なナショナリズムに走ることになった。「ナショナリズム」自体が、西欧近代の産物である。つまるところ、西欧諸国のナショナリズム／コロニアリズムに対して、もう一つのナショナリズム／コロニアリズム(の亜種)で対抗するという不毛な二項対立的な思考に陥っていった。

『東北アジアが歴史の主役に』の中で廣松は、「個人」か「社会」の一方のみを絶対視する西欧的な「実体主義」に代わるアジア中心の新しい「世界観」の軸として、(廣松自身の「事的世界観」とも関連する)「関係主義」を提唱している。それは主体／客体の区別を越えて、全てを「関係性」の現れと見なす、ある意味で「仏教的」な世界観である。しかし廣松は、「東亜共同体」の基礎となるのが、具体的にはどのような「関係性」であるのかその中身は述べていない。見方によっては、日本の天皇制や、儒教的な家父長制もそれに相当するかもしれない。あまりにも漠然と「関係」と言ってしまうと、前近代的な共同体を復権しようとする、右の全体主義に引き寄せられてしまう恐れがある。

周知のように、西田幾多郎の「絶対無」の概念に依拠しながら「近代の超克」と「大東亜共栄圏」の建設を構想した京都学派の西谷啓治、高山岩男、高坂正顕等も西欧的個人主義を克服するために、「場所の論理」を強調した。「場所」は、そこに生活する人々、動植物や風景など様々の関係性の総体として立ち現れてくる。これもまた、「国家」と「個人」の間の距離感を弁証法的に止場しようとする、極めて「関係主義」的な考え方である。廣松は『〈近代の超克〉論』で、京都学派的な関係主義が、幻想的な大共同体の中で、「個人の自由」を否定する全体主義的思想へと変質してしまったことを指摘している。しかし、自らが構想する「東亜」の思想と、京都学派のそれがどう異なっているのか説明しないまま亡くなってしまった。

アメリカの「無限の正義」の暴走にアジア諸国が不安を抱いている現在、廣松哲学を「近代の超克」の罠から救い出して、次の段階へと発展させていくことができるのか？　後に残った弟子たちの度量がためされようとしている。

（二〇〇四年四月）

4 〈善良な庶民〉幻想に浸る左翼と「国民国家」

左翼にとっての「戦後問題」

日本のほぼ全ての左翼あるいはリベラル左派の市民運動にとって、「戦前／戦後」を分けることになった「敗戦」という出来事は、これまで極めて重要な意味を持ってきた。八月十五日が近付くと、「戦前の過ち」を繰り返さないよう訴え、そうした兆候を見せている政府・自民党を糾弾する各種の——反米・反帝的な意味合いを帯びた——反戦・平和運動が行なわれる。九〇年代以降、親ソ・社会主義的な左翼の政治的影響力は急速に低下したが、夏の間だけは、左右の二項対立構造が臨時に復活したかのような雰囲気になる。不謹慎な言い方であるが、広島・長崎への原爆投下、そして敗戦という三つの国民的な「記念日」があるおかげで、（沖縄を除く）日本の左翼運動が毎年、再生し、生き長らえているような感さえある。

そうした日本的な反戦・平和運動にとって、戦前の植民地支配と侵略戦争、その帰結として生じてきた元従軍慰安婦や元強制労働者に対する補償の問題は、当然大きなウェートを占めている。反戦運動に関わっている左派で、大日本帝国の東アジアにおける帝国主義を批判し、戦後補償問題の解決を主張しない者はほとんどいない。しかしながら、そうした日本の「負の遺産」と、反政府的な立場に立って運動している「わたし」の関係を論理的に整理したうえで、「理論と実践」をうまく融合させてきたグループはほぼ皆無であるような気がする。日帝を糾弾する論理はこれまで様々な形で展開されてきたが、「糾弾するわたしたち」を位置付ける論理はほとんど育って来なかった。

分かりやすいように、一つの問いにまとめて表現すると、「反戦・平和運動をしている人々自身も、過去の植民地支配や侵略戦争に対して責任があるのか」、ということである。これは、なかなか難しい問題である。そもそも、戦前の〝一般国民〟や共産主義者などの反体制活動家にも台湾や朝鮮の植民地支配に対して、(日本国民として)「責任」の一端があったと言えるのか、という最も基本的な問題からして決着が付いているとは言えない。「一億総懺悔」は曖昧でダメであり、戦争を遂行した「国家の責任」を〝具体的〟に追及しなければならないということだけは、終戦直後から左翼の共通理解になっているが、「国家」それ自体は目に見える存在ではなく、様々な関係性を束ねた組織である。見方によっては、やはり〝一億全て〟に責任があるということになりかねない。

多くの左翼は、天皇やA級戦犯になったような政府・軍部の最高幹部に責任があったと考えることでこの問題を〝解決〟しようとしてきた。そう考えれば、反政府活動で弾圧されていた左翼の人々は「責任」の範囲から全面的に除外されるし、(台湾人や朝鮮人も含まれる)多くの軍人や下級官吏、左翼的な傾向を持った知識人、一般庶民はあまり責任を感じないですむからである。天皇に代わって、新しく「日本国」の主権者になった「国民」の支持を獲得して、党の勢力をできる限り大きくしようとしていた社会党や共産党にしてみれば、実際に国家権力を中核で動かしていた〝ごく一部の権力者〟だけが帝国主義や侵略戦争に責任があり、臣民の大多数は被害者であった、という前提に立った方が便利であった。「鬼畜米英」を叫んでいた臣民全部に責任があるとして、「国民」全てに厳しい内省を迫れば、敗戦のショックで落ち込んでいた〝一般庶民〟の支持を得にくいし、戦後左翼・市民運動をリードするようになった人の中にも、大東亜共栄圏の思想に共鳴していた人もいるので、自分たちにも火の粉が飛んでくる可能性があったからである。

「大日本帝国の最高幹部＝加害者／その他大多数の帝国臣民＝被害者」という単純な図式は、現在に至るまで継承していると見ることができる。かつての〝最高幹部〟はもはやほとんど生きていないが、自民党を中心とする保守勢力や大企業（幹部）、高級官僚などが、そうした戦前からの（帝国主義的な）権力を継承している勢力であり、〝一般庶民〟がその犠牲にされている、と言っていればいいわけである。そして、この図式をマルクス＝レーニン主義で言うところの「ブルジョワジー／プロレタリアート」の弁証法的な対立と重ね合わせれば、「（保守政党が代弁する）守旧的・好戦的な権力者＝反革命勢力＝加害者／（革新政党が代表する）まじめで平和を愛する一般国民＝革命勢力＝被害者」という、いかにも左翼政党に好都合な〝現状分析〟が可能になる。マルクス主義の看板を事実上おろしてしまった現時点でも、ことあるごとに「一般庶民はまじめに働いて、税金を納めている」と言って〝庶民〟にアピールしたがる共産党や左翼知識人の体質は、終戦直後の〝庶民〟獲得路線の遺産ではないか、と私には思われる。

無論、マルクス、エンゲルスやレーニンの教義を厳密に理解すれば、「一般国民＝プロレタリアート」と考えることにはかなり無理がある。プロレタリアートの定義はマルクス主義の中でもかなり多様であるが、ブルジョワジーに対する階級闘争に立ち上がるつもりなどない、農民や中小企業経営者、ノンキャリアの公務員などを含めた〝普通の人〟全てが、そのまま「プロレタリアート」であるはずはない。しかし、党の教義に従って厳密に線引していたら、「味方」が極端に少なくなるので、わざと定義を曖昧にして、〝プロレタリアート〟の中身を水増ししていたというのが実情だろう。いわゆる「市民派」の場合、プロレタリアートよりも更に漠然とした「市民」なるものの力を結集して、「政治を市民の手に取り戻そう」などと抽象的に訴えたので、敵／味方の境界線が余計にぼやけてしまった――自民党の代議士や、大企業の会長も「市民」である。

そうした旧左翼や市民派の〝国民〟迎合的な体質を糾弾して、〝真の革命〟を目指したはずの新左翼勢力も、結局のところ、自らの潜在的な支持母体である〝庶民〟を敵に回すことはできなかった。六〇年代に台頭した新左翼のほとんどは、どのような理論的背景からであれ「市民社会＝ブルジョワ社会」と折り合いを付けようとしていた旧左翼や市民派を「批判」して、ラディカルな直接行動――そのアクションの形態や意味付けは、党派ごとにかなり異なるが――によって、「革命」への契機を〝主体〟的に作り出すことを標榜した。その点では彼らは、〝争いごとを好まない一般国民〟に媚びるのとは逆の方向に行ったようにも思える。しかしその反面、新左翼の諸党派は、ブルジョワジーによる「帝国主義的策動」を差し迫った脅威と見なし、独占資本家たちの野望を打ち砕くといった形で――まるでジェームズ・ボンド・シリーズの「スペクター（＝妖怪）」の陰謀話しのように――一層〝分かりやすい〟「悪」の権化を描き出したため、「帝国主義」的な「過去」及び「現在」に対する〝一般国民〟の「責任」問題を余計にぼかしてしまった。そのような〝陰謀〟を関知している〝一般国民〟などいないからである――そもそも、彼らが〝首謀者〟として名指ししていた帝国主義者自身が、そういう〝陰謀〟を知っていたかどうか疑問である。

結局のところ、新旧左翼とも、戦前から戦後にかけて帝国主義策動を推進してきた岸信介のような〝悪の権化〟と徹底的に闘う姿勢を見せることが帝国主義の犠牲となってきた〝善良無垢で革命的なポテンシャルを秘めた一般国民〟であることの指標と見なす、党派的な「自己正当化」の論法を作り上げることになった。「君が帝国主義の手先でないなら、我々の反帝運動に参加してくれるはずだ。君が賛同したくないと思っているとすれば、それは、君の内に帝国主義に通じるブルジョワ性があるからだ。自らのプロレタリアート性を示すために立ち上がれ」という論法である。この論理は、反戦・平和運動に従事している「私たち」は〝帝国主義の罪〟を逃れていると、間接的に示唆しているように取れる。

日本の左翼が、（自分たち自身も含めた意味での）〝一般国民〟に甘くなってしまい、大衆の革命的な〝ポテンシャル〟に過剰に期待してしまう傾向と、そこから必然的に帰結してくる左翼運動の「限界」を最初に明確に指摘したのは、吉本隆明である。吉本に言わせれば、「大衆」というのは、共産主義とか自由主義といった抽象的思想に従って自立的・主体的に判断するわけではなく、共同幻想的な関係性の中で無自覚的に動いているだけである。「国家」は、大衆の振る舞いの基盤になっている共同幻想を利用して、専制的な統治と、帝国主義的政策への〝国民〟の動員を可能にしてきた。そうした大衆の内なる――日常生活に根ざした――「共同幻想」が解体されていないのに、外来のイデオロギーであるマルクス＝レーニン主義に基づいて、彼らを〝プロレタリアート〟の側に位置付けようとしたところで、上滑りするだけである。

こうした吉本の問題提起を左翼陣営が本気で受け止めていたら、戦争遂行装置としての「国家」と、それに引き摺られてしまう「国民」の間の関係をめぐる議論はもっと深まっていたかもしれない。帝国主義的な政策に誘導されて「国民総動員」体制に組み込まれてしまう〝普通の庶民〟を拘束している共同幻想的関係性や、自分自身にも内在する〝庶民性〟を自覚しないで〝善良な庶民〟のイデオロギーによりかかってしまう「日本的左翼」の限界について考えるべきことは、多々ある。

しかしながら、吉本の影響を多少なりとも受けた新左翼の多くは、むしろ共同幻想に惑わされていない〝真の庶民的日常性〟を探すという方向に行ってしまった。吉本はもっと庶民・大衆に注目すべきだと主張したが、彼らが善良であると言ったわけではない。にもかかわらず、吉本を読んだ左翼青年たちの多くは、庶民の日常的な生活をじっくり観察して、〝庶民の生き生きした日常性〟を再発見し、それを〝真の解放〟の原動力にするという「現場主義」的な発想に囚われるようになった。山谷の労働者とか、ホームレス、フリーター、援交する女の子などの「日常性」に定位することで、国家イデオロギーに対抗するというお馴染みのカルチュラル・スタディーズ系左翼の論理は、安易な吉本読解と結びついているふしがある。

一般国民は犠牲者？

日本の左翼にとって、〝一般庶民〟は基本的に「純真無垢」な存在であり、最終的には、自分たち（＝前衛）と共に「革命」に立ち上がってくれるはずである。なかなか立ち上がってくれないのは、彼らがブルジョワジーのイデオロギーに騙されて、自己の〝本当の姿〟に気付いていないからである。騙されている可哀相な犠牲者＝庶民の目を覚ましてやる（＝啓蒙する）のが、左翼の使命ということになる。そのため日本の左翼は、正統派マルクス主義からカルチュラル・スタディーズに至るまでほとんど全員揃って、国家権力のイデオロギー装置に幻惑されて、自己自身に対する搾取に加担している「無辜の民」を救い出す、という極めてナイーヴな善／悪二元論にはまっている。

「イラク人質事件」*14の際にも、人質応援に回った左翼・市民運動陣営の言説に、そうした戦後日本左翼に特有の「純真無垢な庶民」感が如実に見られた。人質になった今井君は、大人のジャーナリスト・知識人も顔負けのシャープな感覚を持った、劣化ウラン弾の〝専門家〟であり、高遠さんは、現地に派遣されている自衛隊員全てを凌駕する国際貢献をした、ノーベル平和賞に値する誇るべき日本人である、といった調子で――私には〝誉め殺し〟としか思えない仕方で――持ち上げたうえで、「無能で何もできなかったくせに、何の落ち度もない彼らを陥れようとする政府の策動を許すな！」とぶち上げる。そして、人質になった人たちや家族の言動に関する「批判」の〝全て〟をバッシングと断定した――不当なバッシングが多かったのは確かだが、「批判」すること自体を不当だと言い切るのであれば、バッシングしている話の分からない連中と同じくらいレベルが低い、と私は思う。そして、〝善良な一般国民〟がバッシングを黙認しているのは、政府の「自己責任論」キャンペーンによるマインド・コントロールのせいだという。悪いのは最高権力者であり、庶民は常に「犠牲者」なのである。

はっきり言って、何らかの形で戦争やテロに巻き込まれている世界各地の紛争当事者にとっては、彼らが日本政府の陰謀の犠牲者か、それとも、政府に厄介をかけた無責任人間かというのは、どうでもいいことであろう。「日本国民」という狭い共同体の中でしか、あまり意味をなさない話である。しかし、日本の平和・市民運動の人々は、「自己責任論」を論破して、「一般庶民」を目覚めさせることに全てがかかっているかのような、妙な力の入れ方をしている。「彼らのようなNGOの人たちも、自衛隊員のことも、日本国民は同様に誇りに思うべきだ」というパウエル米国務長官の言葉を、まるで鬼の首を取ったように引用して、これが「世界の常識だ」と矛盾も感じずに言ってのけられる感覚は、まさに〝ジャパン・ローカル〟である。

日本の平和運動が、「一般国民」は、〝犠牲者〟という前提で発想しがちな背景として、広島と長崎に対する原爆投下の問題がある、と考えられる。日本の反核運動は、「広島、長崎を繰り返すな」をキーワードにして、世界にメッセージを発信してきた。広島、長崎で原爆で亡くなった人の大多数は、非戦闘員であり、侵略戦争に積極的に加担していたわけではないので、素朴な意味で「犠牲者」と言っていいかもしれない。しかし、それを「日本国民」一般に拡大することには無理がある。大日本帝国臣民の圧倒的多数が、積極的にであれ消極的にであれ、協力していなかったら、植民地支配も侵略戦争も不可能だったはずである。にもかかわらず、「世界で唯一の被爆国日本の国民として……」という枕詞ゆえに、反戦の旗印を掲げる人たちの多くは、〝一般の日本国民〟が戦争の「犠牲者」であるかのような錯覚を抱いてきた。

こうした意味で、日本の反戦運動にとっての「ヒロシマ」と「ナガサキ」は、(旧西)ドイツの反戦運動のキーワードである「アウシュヴィッツ」と全く意味が異なっている。「アウシュヴィッツ」に代表される一連の「ホロコースト」で、（ユダヤ系や障害者・同性愛者を除く）ドイツ国民の圧倒的多数は、加害者か少なくとも共犯者であった。いくらナチス幹部が残虐であっても、一般国民の協力がなければ、数百万人規模でユダヤ人を虐殺できるはずはない。ユダヤ人敵視政策を掲げていたナチスに合法な選挙を通して政権を与えたのは、ドイツ国民である。一九三八年十一月九日の「水晶の夜」にユダヤ系市民を一斉に襲撃したのは、（ナチスに扇動されていたとは言え）「一般国民」である。一九九六年から九七年にかけて、アメリカの研究者ゴールドハーゲンの著書『ヒトラーの自発的協力者たち』をきっかけにドイツの内外で起こった論争では、「普通のドイツ人」がどの程度まで潜在的反ユダヤ主義的なハビトゥス（身体化された慣習）を身に付けており、〝自発的に〟ナチスに協力したのかが話題になった。

ドイツで反戦・平和的な市民運動に関わっている人にとって、ナチス支配下にあった〝一般国民〟は、全体主義の犠牲者であると同時に、ユダヤ人などに対する迫害の加害者でもある。一般市民に内在する〝潜在的ナチス性〟を認識している点で、ドイツのリベラル左派は、日本の市民派ほどナイーヴではない。ユダヤ系であったため、大戦中にアメリカに亡命した政治哲学者のハンナ・アーレントは、「全体主義」の本質は（一般市民の）「自発的同調」であると言ったが、ドイツの左派にとって、それは決して抽象的な理屈ではない。健全な「市民社会（シヴィル・ソサイエティー）」を築こうとするのであれば、その前に、「ナチスに自発的に同調してしまった」原因を解明し、「過去」と決着を付けておかねばならない。

そのような形で、「全体主義的な過去の克服」――「過去は克服できるものではない」と言う人もいる――に拘り続けてきたドイツの左派に比べると、日本の左翼はこれまで、「全体主義」を他人事のように捉えてきたきらいがある。日本の左翼が「全体主義」という言葉を使っていたとしても、それは主として「支配者の側のイデオロギー」のことを指しているのであって、それに「庶民」が〝主体〟的に「同調」していくメカニズムのことは視野に入っていない――だから、ポストモダンの文脈で、「主体」の解体という話が出てきても、観念論としか思えないのである。

ただし、同じドイツでも、マルクス＝レーニン主義国家であった東ドイツ（ドイツ民主共和国）の方は、〝一般国民〟をナチスの〝犠牲者〟と見做す論理を取っていた。その場合の〝一般国民〟とは、〝東ドイツ国民〟の母体となった人々である。ソ連の影響下で成立した東ドイツの政権は、ナチスの残党が全て西に逃げた後、ソ連に亡命していた共産党員や、国内に残っていた反ナチ抵抗勢力を中心に新たに形成された政権であると自己規定していた。従って、五月八日が、西ドイツでは「敗戦の日」と呼ばれていたのに対し、東では「解放の日」と呼ばれていた。東ドイツの政権党であった社会主義統一党（SED）は、東ドイツ国民は、ナチスの過去を背負っていない〝新しい国民〟であると自己規定し、東欧諸国もその論理を認めていた。ドイツ民主共和国が存続していた間は、ドイツとポーランド、（旧）チェコスロバキアなどとの間の「過去の問題」は、〝社会主義的連帯〟に基づいて克服されていたと見做されていた。

しかし、九〇年代以降の一連の社会主義政権の崩壊と、それに伴うナショナリズム再燃という動きの中で、東欧諸国との間の戦後補償問題が再浮上してきた。ホロコーストの犠牲者の大多数はドイツに占領された東欧に居住していたユダヤ人であり、社会主義政権が崩壊して、（社会主義的連帯の堅持という名目の下での）〝上からの抑え〟が効かなくなった以上、問題が再浮上してくるのは、不可避であったと言える。結局、（統一）ドイツの拠出金によって「補償基金」を作るということで、一応の政治的決着が付けられた。無論、それで「問題」が全て片付いたわけではなく、ドイツとポーランド等との間で、どのようにして歴史認識を共有していくかという議論は今も続いている。既に旧ユーゴスラヴィア連邦の解体過程からも明らかなように、社会主義的な連帯を通しての「民族間対立」の克服というレーニンの定式は、スターリン主義的な締め付けの下でしか機能しえなかったのである。

国民国家と「戦争責任」

日本の反戦・平和をめぐる議論で、「一般国民」の戦争責任・戦後責任が多少なりとも本格的にテーマ化されるようになったのは、私の認識では、東欧の社会主義ブロックが崩壊して、旧ソ連やユーゴなどで民族紛争が頻発するようになってからである。社会主義革命によって〝克服〟されたはずのナショナリズムが、実は、中央集権的な締め付けによって押さえ付けられていたにすぎず、重しを取られたとたんに爆発するのを目の当たりにして、これまで〝権力者〟さえ批判していればいいと思っていた日本の左翼論客たちも、一般庶民の間に草の根レベルで根付いている〝ナショナリスティックな感情〟に注目せざるを得なくなった。そこで、ファシズムとか独占資本主義などに代わる、新たなキーワードになったのが、一九世紀のナショナリズムの母体となった「国民国家」である。

文化的・言語的な共同体としての「国民（ネーション）」――日本国憲法で、「国民」と呼ばれているのは英語の「ピープル（人民）」の訳語であって、文化的共同体的な意味合いは必ずしも含まれていない――と、統治組織形態としての「国家」が〝一致〟している状態を指す「国民国家」という言葉は、今では左翼の人々の間でもかなり定着するようになった。時々勘違いしている人がいるので念のために言っておくと、「国民国家」というのは、歴史的な〝実体〟として存在していたわけではない。ヨーロッパの中では、比較的〝国民国家〟度が高いとされるフランスでさえ、フランス革命時にはフランス語を話していた〝純フランス人〟は、人口の五〇％程度だったと言われる。現在でもフランス領の中には、アルザス・ロレーヌ地方のドイツ語系の人々や、スペインとの国境地帯のバスクの人々、そして旧植民地出身のアラブ系の人たちが含まれている。またスイスやベルギー、カナダなどのフランス国外にも、フランス語を話す白人は多数存在している。一〇〇％の「国民国家」であったことはない。

「国民国家」とは、フランス革命以降のヨーロッパ人たちが目指した〝政治的理想状態〟であり、「文化的共同体としての国民ごとにまとまって、一つの国家を作るのが〝自然〟である」という形で展開してきた。「国民国家」としてまとまるために、（同胞の居住している）隣国の領土を奪い取ったり、自国内の他民族を排除しようとするのが「ナショナリズム」である。従来のヨーロッパにおける戦争は、基本的に君主間の戦争であり、領民は、自分たちの主人が自分と同じ言葉を話す同胞であろうと、言葉の通じない外国人であろうとどうでもよかった。しかし、ナポレオン戦争に刺激されて、ヨーロッパ各地に「国民国家」を志向するナショナリズムが拡散した結果、〝一般庶民〟も、徴兵制度によって「国民の軍隊」に組み込まれ、愛国心を育む国民教育を受けるようになった。また一九世紀後半の急速な工業化の過程の中で、各〝国民国家〟――を目指している政治的共同体――が、自国の労働者を年金や健康保険などの社会政策によって（ある程度）優遇し、彼らの忠誠心をつなぎ止め、資本家層と融和させながら、生産力を安定的に高めていく政策を取り始めた。

そうした「国民総動員」体制によって、ヨーロッパの〝国民国家〟群は、海外での植民地獲得をめぐる競争・戦争を繰り広げるようになった。そして、獲得した植民地から搾取した利益を国内に還元して、〝一般国民〟の支持を更に固めるわけである。それがレーニンの言う「帝国主義」である――マルクス＝レーニン主義系の左翼たちも、レーニンの『帝国主議論』（一九一七）を注意深く読んでいたら、「国民国家」問題の重要性にもう少し早く気付いていたかもしれない。ハンナ・アーレントは『全体主義の起源』（一九五一）の中で、各〝国民国家〟の中で職にあぶれていた人や低所得者、家族の厄介者など、社会的に不満を持っていた層（モブ）が、政府の「帝国主義政策」に便乗して一旗揚げようと植民地に出かけ、自分たちよりも立場の弱い現地の人々を徹底的に差別・搾取するようになったことを指摘している。弱者が更に弱い者を苛める、という最近ではかなりお馴染みになっている構図である。アーレントは、そのようにして「国民国家」によって植民に送り出された人たちの人種主義的なまなざしが、本国の「反ユダヤ主義」思想と相互作用を起こして、ナチスが国民的支持を得る素地になったと分析している。

「国民国家」という視点から一九世紀末以降の「帝国主義」を考える時、植民地獲得競争に乗り出した国家を支えていた「一般国民」は決して、政府に一方的に振り回されるだけの〝純真無垢な犠牲者〟ではなく、帝国主義的政策を背後から支持し、時としては先兵の役割も務めた〝共犯者〟であることが見えてくる。たとえ、露骨な差別主義者でなくても、国民国家が海外で新たに獲得した植民地に進出して、そこで自らの生活の基盤を確立しようとすれば、それだけで帝国主義の一翼を担ったことになる。植民地を市場とする工業製品の生産に従事している〝普通の労働者〟であっても、国民国家の帝国主義政策の恩恵を受けている以上、全く〝無実〟とは言えないかもしれない。

こうした「国民国家」の問題は当然、明治維新以降の日本にも当てはまる。明治政府は、統一的な教育や言語・文化・宗教政策を通して、各地の住民に「日本国民」としての自覚を持たせ、「富国強兵」体制に組み込んでいった。ヨーロッパ的な意味での「ネーション」というのは、〝同じような文化と言語〟を単に共有しているだけではなく、〝自分〟たちがそれを共有していることを明確に——政治的に——「自覚」し、それを各人のアイデンティティの基盤にしているような集合体である。近代化〝以前〟の〝日本〟には、そうした自覚やアイデンティティ意識は稀薄であったが、新しい政府は、西欧の「国民国家」をモデルとして、民衆が「国民」としての自覚を持つように仕向けていった。最初は単なる——西欧から移入された——理念にすぎなかった「日本」という〝国民国家〟(＝国体)にリアリティーを与えるための象徴的な役割を果たしたのが、「現人神」としての「天皇」である。そうした「国民」化のプロセスの中で、もともと同一の国民であるとは言い難いアイヌや琉球王国の人々は独自の文化を奪われ、もはや引き返しがたいところまで日本化されることになった。

そのようにして、近代化の過程と共に組織化されていった「国民」の支持を得た大日本帝国は、日清・日露戦争を闘い、台湾や朝鮮を植民地化し、中国や東南アジアに対する侵略戦争を実行した。「国民」化された〝一般庶民〟は、イデオロギー的に誘導されたとはいえ、このプロセスにかなり「主体＝臣民」的に参加した――「主体」を指す英語「サブジェクト」は、もともと「臣下＝従属している者」を意味していた。満州開拓や大陸進出に乗り出した〝一般庶民〟、軍需産業で働いた労働者たちは、当時の政府・軍部・大企業との関係では〝騙された犠牲者〟と言っていいかもしれないが、植民地や半植民地状態に置かれた地域の人々との関係では、「国民国家」の帝国主義的政策の共犯者である。こうした日本の帝国主義と「国民」の関係については、「歴史学」の分野ではかなり以前から様々な形で細かい研究がなされ、それなりの蓄積もあるが、平和や反戦をめぐる政治思想的な論争の場面では、ごく最近までなかなか焦点が当てられなかった。左翼論壇においては、「戦争の被害者になってきた一般国民の力」を結集するというタイプのマルクス主義や市民派の言説の影響が強すぎて、歴史学的知見と「実践」がなかなか結びつかなかったのである。

九〇年代後半になって「国民国家」問題が、「歴史学」の枠を越えて左翼的な論壇で次第にクローズアップされるようになった背景としては、①マルクス＝レーニン主義的に単純化された「国民＝人民」観の後退②ポスト・コロニアルスタディーズ等の影響による近代化に伴う「国民化」に対する関心の高まり③九〇年代に入ってから増加した元従軍慰安婦や元強制労働者の人たちによる日本国や企業を相手取った訴訟――などが考えられる。②の動きとして代表的なのは、例えば、姜尚中などによる丸山真男批判であろう。姜は丸山の「市民社会」論が暗に、単一民族を前提にしており、在日朝鮮人や、アイヌや沖縄の人など、「国民国家」にとっての「他者」のことが視野に入っていないと指摘する。「国民化」と植民地獲得の過程で取り込まれ「大日本帝国」の中で抑圧されてきた人たちがいたことを忘却して、日本という〝国民国家〟が最初からあったかのように語っているというのである。

③の動きに深くコミットするようになった哲学者の高橋哲哉も、戦前・戦後にわたって日本という国民国家が、自分たちの被った不法を正すよう訴える元慰安婦の女性たちの「声」を排除してきたことを指摘する形で、日本国民である〝我々〟が彼女たちに対して負っている「責任」を問題にするようになった。デリダの研究者として著名な高橋は、近代的な市民社会の法＝権利から排除されている「他者」たちに対する「応答可能性」としての「責任」論――「責任」を意味する英語「レスポンシビリティ」は、語の作りからして「応答（レスポンス）」する可能性を含意している――を提唱している。「国民」化の歴史の中で「忘却の穴」に置かれてきた人々の発する声に対して開かれた状態になることが、ポスト国民国家の課題であるという。

他者に対して開かれたポスト国民国家を志向する高橋は、九五年から九六年にかけて、〝我々の市民社会〟の基盤になっている「国民国家」という現実を無視し得ないという立場の文芸評論家加藤典洋と論争した。これは、戦後責任論争あるいは敗戦後論争と呼ばれる。加藤によれば、戦争の犠牲者になったアジア諸国の「二千万人」の死者たちに対する「責任」を認識し〝国民〟的論議を高めるためには、まず日本の「三百万人」の死者たちを追悼したうえで、「悔悟する主体」としての「日本国民」の自覚を持つ必要がある。加藤の立場は、靖国参拝によって「三百万人」の死者〝のみ〟

を追悼しようとする右派の立場と、国家を〝超える〟ことに関心を向けさせようとする左派の立場を仲介することを目指したものと見ることができる。しかし高橋は、「三百万人」の死者の追悼を〝先〟に置いている点を批判して、そのような論理構成は、元慰安婦の人たちの声を抑圧してきた「国民国家」を再強化してしまう危険がある、と指摘している。

私としても、加藤の議論の立て方に対する高橋の懸念はもっともだと思う。しかしその反面、「他者」たちに対する「責任」を負うべき〝主体〟を何らかの形で論理的に確定していないと、「他者」に対する応答可能性としての正義」という議論は、「声」に対して「応答すべき者」が不明確になり、「責任主体」が雲散霧消するのではないかとも考えている。高橋は、自分の議論は、〝事実上の無責任〟（＝一億総懺悔）に通じる「無限責任」論ではないとしているが、ではどのようにして、「責任」の範囲を「限定」するのか明確にしていない。少なくとも、単純に〝日本国民〟が責任を負っていると主張することはできない。戦前の大日本帝国には、朝鮮人や台湾人も「臣民」として含まれていたので、戦後補償裁判の原告の多くは、同時に「加害者」でもあった、というおかしなことになる。

私見では、この論理的矛盾をクリアするには、ドイツのヴァイツゼッカー元大統領が、ドイツの戦後責任を明確に定式化するために用いた論理がモデルになるのではないか、と思う――ドイツ通のリベラル左派の中には、「ヴァイツゼッカーは保守主義者だ。騙されるな」という人もいるが、別に個人崇拝するわけではないのだから、保守か左派かというのはどうでもいい話しだ。ヴァイツゼッカーによれば、（戦後に生まれた）ドイツ国民は、戦前の国家が行なったことに対して、集団としての「罪責」を負っているわけではないが、その「政治的帰結」に対しては「責任」を負っている。これは、かなりよく考えられた定式だと思う。分かりやすく言えば、親の遺産を相続する時に、負債も相続することになるし、負債を負っている会社に入社すれば、その借金も背負うことになる、というのと同じ論理である。大日本帝国の遺産を引き継いだ日本国の国民として現在生きている〝我々〟は、遺産の負の部分がもたらしている「政治的帰結」とも向き合わねばならない、と考えればかなりすっきりする。

そのように「政治的帰結」としての「負の遺産」に対する法的・政治的「責任」に限定して論じるのであれば、どうしても、「反省」しようとしない人々を「恥ずかしい日本人＝非国民」として罵る必要もなくなる。心から「反省」するかしないか自体は、個人の内面における倫理的・宗教的問題であって、強制することはできない。無理に反省させるには、独房にでも入れて、一万回「反省するぞ！」と唱えさせるような、マインド・コントロールでもするしかない。

反政府と反国家

「国家」の一員として対外的に負っている「責任」という視点から見た時、先に述べたように、イラク人質事件で〝応援団〟が取った論理には、かなりの飛躍がある。彼らの多くは、NGOが人道支援活動しているところに「自衛隊が後から勝手にやってきた」と言っているが、〝我々〟が「日本国民」である以上、〝勝手〟であると言い切るわけにはいかない。審議過程に問題があったとはいえ、一応、日本の国会の議決を経て、日本国の法律に基づいて派遣されたものを、日本国民である人が「私は知らない」というわけにはいかない。たとえ悪法であり、自分はそれにあくまで反対であったとしても、外国の人に対して「あれは私とは関係ない。政府が勝手にやったのだ」、と言うのはあまりにも〝無責任〟である。それを言い出せば、従軍慰安婦問題も、指紋押捺問題も、政府が勝手にやっていることであって、そうした政府のやり方に反対している〝左翼〟の人たちとは何の関係もない。

少なくとも、日本のパスポートを持って、日本国との関係が緊張している外国に出かけていく時に、「私は関係ありません」という態度を取ることはできない。全面的に関係ないと言いたいのであれば、日本赤軍のように、日本のパスポートを捨てて、自分が賛同している海外のレジスタンス運動に身を投じるしかないだろう――人質になった三人は、日本のパスポートを持っていたので、〝反日分子〟ではない。別に、紛争地に出かける際には、日本国の罪を背負っている「犠牲の小羊」であるかのごとく宗教的次元の覚悟が必要だというつもりはない。しかし、少なくとも「反動的な政府のやっていることだから、反政府の私は関係はない」という論理は取るべきではない。そんな理屈は、それこそ日本国内でしか〝適用〟しない。

実際〝応援団〟の人々も、「彼らは日本国民なので、政府には保護するべき義務がある。自己責任論などとんでもない。政府は、外交官や大企業の社員と、NGOやジャーナリストと差別するのか」と主張していたが、それでは、人質になった三人は〝日本政府の潜在的庇護〟を受けて、現地に向かったというのだろうか？「政府の庇護」をある程度期待しながら現地に行ったとすれば、自衛隊派遣という方針に反対であるとしても、政府との「私」との関係を全く度外視して、行動するわけにはいかないだろう。

無論、人質問題は、政府側も反政府側もほとんど予測していなかった事態であるので、反政府の立場で紛争地に出かける「国民」と、「政府」の邦人保護責任との関係をどう考えるのか曖昧になっていたのは、仕方のないことではある。しかし、事件が一応解決して、今後のことを考えるべき段階になって、「政府が、我々とは関係なしに勝手に自衛隊を派遣した」と、「政府は我々のような反政府の人間も邦人として救出すべきだ」という二つの相互に矛盾する――ように思えてしまう――論理を脈絡もなく併用すべきではない。二つを同時に主張するにしても、必ずしも反政府でない人も、納得が行くよう整理して説明すべきである。それができなければ、〝応援団〟の方も説明責任を果たしていない点では、政府・自民党と同じレベルである。

これは、今回の人質問題で〝応援団〟として、テレビなどで「自己責任」論批判キャンペーンを展開した平和市民運動団体に限った話ではない。戦後の左翼運動がずっと抱えてきた問題である。デモ行進を取り締まる機動隊や、左翼活動を監視する公安警察に反対しても、防犯や交通整理まで「警察権力による不当な干渉」といって排除しようとする愚かな左翼はいない――自分の都合にいい時だけ、そういうことを言いたがるモラルのない左翼もいるが、また、災害時における自衛隊の救助活動までも否定するわけにはいかない。成田空港建設に反対する姿勢を貫くためにボートで海外にでかける左翼とか、原発反対に徹するために首都圏で電気なしで生活している左翼というのもあまり聞かない。政府が作り出した〝悪い制度〟でも、すぐになくしたら困るものや、一部残しておかないと人々の生活が成り立たなくなるものは多々あり、反政府派の人々も、そうした善悪入り乱れた国家的諸制度の網の目の中で、「国民」として生きているのである。その「現実」を無視して、いきなり「国家」を飛び越えたつもりになって、「国民国家の枠を越えた、市民の国際的連帯による……」といっても、空理空論に終わるのは目に見えている。

反対運動を起こす時は、反対すべき対象を特定し、それを排除した場合、国民生活がどうなるのかシミュレーションする必要がある。例えば、大学病院などで、新薬開発のためにインフォームド・コンセントなしの「人体実験」が行なわれていることに反対する人々が、「製薬会社を儲けさせるだけの人体実験など一切やめてしまえ！」と叫んだりすれば、あまりにも無責任であろう。制度の全体像を把握して、どの点を変えれば一応「解決」になるのか自分なりに理解したうえでの限定された「政府批判」でないと、単純な「反国家」になってしまう。それでは、現に「国家」の制度の中で生きている「国民」の支持を得ることはできない。

別に「反政府」を止めて、体制内の改良主義に徹しろなどと言いたいわけではない。〝一応の問題解決〟がどうしてもうまくいかないので、問題の根っこを掘り下げて分析していく内に、結果的に「現在の政権ではどうしても限界がある。これこれの異なる政策原理を持った政権に替えるしかない」という結論に到達し、それを——自分たちと世界観を共有しない——他の人々にも分かるように理念的に示せるのであれば、それでよいと思う。しかし、最初から「政府打倒」という「目的」を措定したうえで、役人が失態を演じるたびに鬼の首を取ったかのごとく、「権力者の本性が見えた」といって嬉々としているのは、本末転倒である。〝一般国民〟も、いつまでもそんなのに同調してくれるほどバカではない。

階級闘争史観に安易によりかかる戦後のマルクス主義主導の左翼運動は、ブルジョワ政府を倒しさえすれば、弁証法的な運動が起こり、当面の「問題」は解決されるかのように主張してきた。当然、階級闘争史観を信じない人は、それで「問題」が解決されるとは思わないので、なかなか付いてきてくれない。いくら自民党幹部や高級官僚がいいかげんで、その場限りの言い訳をしているのに腹を立てている〝一般庶民〟でも、「ブルジョワ国家が消滅すれば、警察権力による国民監視体制がなくなって、悪い人はいなくなる」式の議論に納得するはずがない。政府・反政府の双方が同様にいいかげんであれば、現在の〝権力者〟の方が勝ってしまうのは当然である。極めて抽象的で、どうにでも取れるような批判であれば、むしろ、ガス抜きに利用されてしまう——それが「五五年体制」の本質である。〝我々〟の属している日本という「国家」は、単なるブルジョワジーのプロレタリアート支配のための「道具」ではない。明治維新以来の「国民」化の過程を通して、教育・福祉・治安・公共事業などの「国家」的な諸制度が、我々自身の価値観やライフスタイル、アイデンティティと密接に結びついている。多くの人は、極めて当たり前のことのように感じているが、〝我々〟は学校教育などを通して日本語を教えられているおかげで、日本語が使用されている職場で働くことができ、役所や銀行、病院で、自分で書式に記入し、説明を求めることができる——外国に行くと、それが〝当たり前〟でないことが少しは分かる。そうした自らを取り巻く「国民国家」的な現実を、歴史的に捉え直すというところから出発しない限り、「東アジア諸国の民衆との連帯」という響きの良い〝言葉〟にリアリティーを与えることはできないだろう。

アメリカに全面的に依存しない、政治・経済・安全保障体制の構築という面で〝一定の成果〟を収めている欧州同盟（ＥＵ）は、もともと「国民」間戦争を何度も繰り返してきた西欧諸国、特にドイツとフランスが、第三次大戦を回避すべく、相互信頼醸成のシステムを構築しようとしたことに端を発する。各国とも、無理やりに〝自分たちだけ〟の「国民国家」を確立しようとし、他の国民を犠牲にして「自国民」の利益を最大限化しようとしたことが、紛争の原因になってきたことを――政治的な意味で――反省的に捉え返し、再度火種になりそうな問題、例えば、天然資源や国境線の管理、軍事力の規模・配備などに関わる困難を少しずつ除去していく道を模索した。その際に、相互に「歴史」観を共有しながら、「国民国家」システムの弊害を客観的に認識していくという地道な歴史政策的作業が重視された。いきなり、「国家を超えた社会民主主義的な市民のネットワーク」のような観念を持ち出して、「国民」間のしこりになっている具体的な問題を〝最終解決〟しようとしたわけではない。

現在のＥＵを理想として持ち上げるつもりはないが、近代的な「国民国家」が生み出した負の遺産とどう向き合うか本気で考えようとするのであれば、良きにつけ悪しきにつけヨーロッパの先例を学びながら、「東アジアの連帯」を妨げている歴史的要因をきちんと吟味しておく必要はあるだろう。日本の反戦・平和運動や左翼の人たちも、「既成の国家を超えた真の市民的連帯」という呪文を唱えさえすれば、「国家」を超えたインターナショナルな存在になれるかのような錯覚から、早く〝解放〟されるべきである。

（二〇〇四年六月）

＊14　二〇〇四年四月、イラクでボランティア活動に従事していた高遠菜穂子さん、未成年のジャーナリスト今井紀明さん、それにカメラマンの三人が武装グループに誘拐され、当時イラクのサマーワに駐留していた自衛隊の撤退を要求する声明が衛星テレビ局アルジャジーラに届いた事件。約一週間後、三人はイラク・イスラム聖職者協会の仲介により無事解放された。

あとがき

本文中でも何度か述べているように、私は個人的にマルクス＝レーニン主義を信奉したことはないし、左翼・市民運動のメンバーになったこともない。むしろ、左翼的な言動をする人々の思考が画一的になって、反対している相手方――例えば、自民党、官僚、大企業経営者、保守論客――と同程度、あるいはそれ以上に硬直的・抑圧的になっていることに批判をすることが多い。というよりも、左翼的な討論会に出席したり、左翼的な雑誌に執筆したりする機会があると、ほぼ恒例行事のように――本当は行事になってしまってはまずいのだが――そういう役割を演じている。その内に、「もっと左翼になれ！」という〝勧誘〟があるのではないかと時々気にしているが、意外とそういうことは少ない。むしろ、「いつもの調子でやってください」という感じで招待されることが多いので、あまり気にしないで「左翼批判」を続けている。

ただ、右よりの団体や雑誌に関わったとしても、「内」側から批判するというスタンスを取るだろうと思う。実際、偶にそういう傾向のところに行くと、左翼的な発言をしてしまう。その場の雰囲気に合わないことを言いたくなるのは、単に私が天の邪鬼なだけかもしれない。自分でもあまりいい性格だとは思っていない。ただし、左であれ右であれ、実質的な論議もないまま最初から「みんな」の意見が「一つ」にまとまってしまうことは、哲学・思想史的に見て好ましいことでないのは確かである。ほとんどの人間には、何でもいいから、とにかく「みんな」から分離しないで〝一体〟となり、（母子一体の幻想に包まれている子供のように）落ち着きたいという欲求がある。意見を言う際に、予め自己検閲して、「みんな」にウケルことだけ言おうとし、それがある程度うまくいって、「みんな」の中での自分の居場所が安定してくると、そのポジションを失いたくなくなる。個人の「間」の意見の相違がなくなって、身内のように仲良しの「みんな」が〝自ず〟から同調し、「みんな」の進んで行く方向に「みんな」が自動的に付いていく「群れ」状態こそが、ハンナ・アーレントがナチズムの内に見た「全体主義」の本質である。

「右」か「左」の立場を政治的にはっきり打ち出す人間は、あまり「同調」しないタイプであると一般には思われがちだが、自分でもそう思い込んでしまうところに落し穴がある、と私は思っている。右や左の人は「敵」との正面対決で緊張している分だけ、どうしても「身内」に対しては甘くなってしまう傾向がある。悪いのは、向こう側の「あいつら」であって、「身内＝みんな」は基本的に悪いことはしない、と思いたくなる。そして実際、そのように単純化された「敵／味方」図式を強化する方向で、左右両サイドの「政治」が形成されていく。

政治的な団体や集会を組織しようとする人たちは、できるだけ大勢で共同行動しやすいように、「みんな」で打倒すべき相手＝「悪」を、象徴的に「表象 represent」しようとする。絵に描いたような「悪の権化」をイメージし、その悪の特性を列挙していきながら、自分たちはそれとは関係ない、むしろ正反対であると見做すわけである。例えば、左翼は、「右」というのは、資本家やその手先で、金には不自由しておらず、肉体労働することなく、資本主義や官僚機構の諸制度に守られながら生活している……という風にイメージして、「自分たち＝みんな」はそうでないと確認する。右翼は右翼で、「左」というのは、愛国心がなく、日本国家の歴史や文化の世話になっているくせにその恩を感じず、観念的な理屈によって革命を標榜している……とイメージして、その対極にある自分たちの結束を固める。つまりお互いが、相手を「敵」として必要としているという意味で、依存し合っているのである。

それが日本の戦後政治を支えてきた「五五年体制」と呼ばれるものの基本構造であり、現代思想では、そういう関係がいつのまにかできあがってしまうことを「二項対立」と呼ぶ。

二項対立構造が面白い――〝危険な〟と言うべきかもしれない――のは、お互いに「敵」を全面否定する形で、「自分たち」を自己規定するので、お互いに鏡の表と裏のように「似てしまう」ことにある。相手方を責める際にお互いにほぼ同じような論理を用いるようになるのである。一番ありがちなのは、相手が「庶民の本当の苦しみが分からない空想家」であるとすれば、自分たちは「庶民の本当の苦しみが分かる実践家」である、という対立図式である。これは、左右の対立においても、それぞれの陣営の内部対立でもよく出てくる図式である。その際に当然、「庶民の本当の苦しみとは何か？」、そして「何が偽りの苦しみなのか？」という疑問が出てくるが、対立しているいずれの側も、自分たちが「代弁＝代表 represent」している方が、「本当の苦しみ」であると答える。何故かと言えば、「相手方は偽りの代表＝代表者であり、その過ちを見抜いて、庶民を正しい方向に導ける自分たちこそ真の代表者だからである」。

落ち着いて考えてみれば、バカバカしい循環論法にすぎないが、ほんの少し前までこうした発想法が「弁証法」という名のもとに罷り通っていたわけであり、〝弁証法〟が忘れ去られた現在でも、相手方の〝過ち〟を指摘して、それを「見抜くことのできた」自分たちを「真理の担い手」として位置付けようとする安易な二項対立的発想法は至るところに生き残っている。資本主義／社会主義という大きな対立構図がぼやけてしまったせいで、かえって揚げ足とり的な風潮が強まっているような気もする。具体例ならいくらでもあるが、年金改革法案論議に際しての与野党の議員や（彼らを批判する）ジャーナリストたちの未納問題をめぐる暴露合戦がその最たる例だろう。「偉そうな政策」を掲げている相手の個人的な落ち度を指摘すること自体は別に間違っていないし、「（限定された）正義」に適うことではあるが、だからといってそれを指摘している「自分たち」の「政策」全体が正しいということの証明にはならない。閣僚や高級官僚の不正を暴いた〝英雄〟だからといって、本人が不正をしていないことの証明にはならないのは、当然のことである。

しかし、二項対立思考にはまってしまうと、そういう前後の脈絡が見えなくなって、「悪を退治」することが最優先事項になり、その他の「細かいこと」はどうでもよくなる。その「どうでもよいこと」に敢えて拘って、「正義」に向かって邁進しようとする「みんな」の足を引っ張ろうとするのは、「悪い奴」の手先である。ひょっとしたらスパイ工作員かもしれない。だから、そういう異分子は徹底的に排除する必要がある……そういう風に思考が回転し始めたら、「全体主義」まであと一歩である。今更言うまでもないことだが、かつての日本の左翼セクトの内ゲバも、旧ソ連のスターリン主義に代表される左翼全体主義も「どうでもいいことに拘る不純分子」を取り除いて、「みんな」を純化しようとする衝動から生まれてきた。何が何でも無理やり「二項対立」図式を墨守し、その中で「自分たち」のアイデンティティを守っていこうとする「みんなの欲望」は、右であれ左であれ、同様の悲劇を引き起こす可能性がある。

本著に集めた諸論稿は、そうした「二項対立」思考からいかに離脱していくかという問題意識の下に、一九九七年秋から二〇〇四年夏にかけて、主に季刊誌『理戦』（実践社）に執筆してきたものである。いろいろな異なったテーマについて、微妙に立場を変化させながら書いているが、「どのような内容の思想であれ、究極の正義の名の下での最終解決を標榜することだけは絶対避けるべき」という姿勢が一貫していることだけは、十分読み取って頂けるのではないだろうか。

今から振り返ってみると、左翼的な人たちと様々なネットワークを持っている実践社にとっては、私のような思想傾向のよく分からない大学教員に書きたい放題書かせるというのは、結構、思い切った判断だったのではないか、という気がする。明らかに他の執筆者、発言者と対立する意見を述べたことが何回かある。露骨に嫌がっている人もいるようである。別に本を出してもらうからといって社交辞令を言うつもりはないが、〝左翼をやっていること〟を、第三者的に見つめる視点を持とうとする出版社の存在は貴重だと思う。大事なのは、「我々は二項対立を乗り越えるぞ！」とシュプレッヒコールを上げることではなく、自分たちが何故、左（もしくは右）になっているのかを冷静に見つめようとする姿勢である。最後に、こうした政治の季節に、本書を刊行すると決めた実践社の英断に敬意を表しておきたい。

二〇〇四年七月　石川県金沢市にて

《著者紹介》

仲正昌樹（なかまさ・まさき）

1963年、広島県市呉市出身。

1996年、東京大学大学院総合文化研究科地域文化研究専攻博士課程終了（学術博士）。

1995〜1996年、ドイツ学術交流会、給費留学生としてマンハイム大学に留学。帰国後、駒澤大学文学部非常勤講師（哲学・論理学）などを経て、2004年、金沢大学法学部（現法学類）教授。以来現在にいたる。

著書

『ラディカリズムの果てに』、『金沢からの手紙』、『前略仲正先生ご相談があります』、『教養主義復権論』、『〈リア充〉幻想』、『2012年の正義・自由・日本』、『〈ネ申〉の民主主義』、翻訳にハンナ・アーレント著『完訳カント政治哲学講義録』（以上弊社刊）。

『貨幣空間』（情況出版）、『モデルネの葛藤』（御茶の水書房）、『ポスト・モダンの左旋回』（情況出版）、『日常・共同体・アイロニー──自己決定の本質と限界』（宮台真司と共著、双風舎、2004年）、『集中講義！　日本の現代思想』（ＮＨＫブックス、2006年）、『集中講義！　アメリカ現代思想』、『今こそアーレントを読み直す』（講談社現代新書）、『マックス・ウェーバーを読む』（講談社現代新書）など多数。

他に、作品社による「仲正昌樹講義シリーズ」は『〈学問〉の取扱説明書』以来、最新刊『〈日本哲学〉入門講義──西田幾多郎と和辻哲郎』まで既に七冊を数え、いずれも好評を得ている。

寛容《かんよう》と正義《せいぎ》

2015年11月25日　初版第一刷発行

著者
仲正昌樹

発行人
末井幸作

発行・発売
株式会社 明月堂書店

〒162-0054東京都新宿区河田町3-15 河田町ビル3階
電話 03-5368-2327
FAX 03-5919-2442

定価はカバーに記載しております。乱丁、落丁はお取り替えいたします。

ISBN978-4-903145-51-8 C0036

＊明月堂書店の本＊

完訳 カント政治哲学講義録

ハンナ・アーレント＝著／仲正昌樹＝訳

四六判／上製／３２０頁／本体価格３３００円＋税

アーレントによる〝カント政治哲学講義録〟を中心に
編集されている本著は、１９５０〜60年代にかけてアメリカの
政治哲学をリードした彼女の晩年の思想を
体系的に把握するための重要な手がかりを与える
テキストであると同時に、カントの著作の中で
独特の位置をしめているとされる
『判断力批判』に対する新しいアプローチの可能性を
示唆するなど研究者必読の書と言っていいであろう。
訳者、仲正昌樹渾身の解説が光る注目の一冊！

好評既刊

■■■ 仲正昌樹　既刊本 ■■■

金沢からの手紙 ——ウラ日本的社会事評

四六判／並製／208頁／本体1500円＋税

言説界の刺客・仲正昌樹。構えは斜でも真っ向勝負で事象の本質を衝く。余人の追随を許さぬ鋭い舌鋒がここでも冴える。

前略仲正先生ご相談があります

四六判／並製／232頁／本体1600円＋税

仲正昌樹に聞く、時事、ニュースの見方、つい行き過ぎる野次馬根性を、知的になだめて欲しいあなたに贈る、痛快エッセー。

教養主義復権論 ——本屋さんの学校2

四六判／並製／224頁／本体1600円＋税

教養の崩壊、学問の衰退、そして大学の失墜に抗して大学の外部から、今後の教養のあり方を発信するライブ講義を完全収録！

2012年の正義・自由・日本 ——政治哲学の思考訓練

四六判／並製／224頁／本体1800円＋税

2011年、未曾有の大災害に襲われた日本、様々な「正しさ」が乱立する中で、世論の潮流に惑わされない為の思考訓練を目指す。

〈神〉の民主主義 ——ネット社会の「集合痴」について

四六判／並製／224頁／本体1600円＋税

ネット上に生息する〈動物〉たちの集合痴に現代の〝末人〟を見る仲正昌樹の反〈ネ申〉論。過度のネット崇拝に疑問を呈す警告の一冊。